Katrin Klöckner / Sinja Steffens

Materialien und Kopiervorlagen
zur Klassenlektüre

Andrea Behnke

Flaschenpost in Sütterlin

Hase und Igel®

Inhalt

Das Buch / Das Material ... 3

Hinweise zur Unterrichtsgestaltung und zu den Kopiervorlagen ... 4

Kopiervorlagen:

Vor der Lektüre
Mein Lesetagebuch ... 19
Nord- und Süddeutschland ... 20
Lektüre in einfacher Sprache ... 21

1. bis 4. Kapitel: Evi zieht an die Ostsee
Schietwetter ... 24
Evis Neuanfang ... 25

5. bis 11. Kapitel: Die Flaschenpost
Wer liest den Brief vor? ... 26
Eine geheimnisvolle Schrift ... 27
Missverständnisse ... 28
Aufdringlich und aalglatt ... 29

12. bis 15. Kapitel: Die Suche nach Frau Sobansky
Da stimmt doch etwas nicht! ... 30
Flucht oder Umzug? ... 31
Recherche im Internet ... 32
Alles kribbelt ... 33

16. bis 26. Kapitel: Treffen mit Frau Sobansky
Besuch bei Irmgard Sobansky ... 34
Geschichtlicher Hintergrund: Ostpreußen ... 35
Fluchtwege ... 36
Heimat oder Zuhause? ... 37
Was denkt Svea-Malinda? ... 38

27. bis 30. Kapitel: Die Suche nach Elli
Eine schwierige Suche ... 39
Vermisst ... 40
Wer gehört zu mir? ... 41
Das schmeckt nach daheim! ... 42

31. und 32. Kapitel: „Happy End“
Geschenke für alle ... 43
Angekommen ... 44

Nach der Lektüre
Weg durch Deutschland (Spiel) ... 45
Ein Brief von der Autorin ... 48

Bildnachweis
© StepMap – Landkarten auf S. 13, 20, 36 und 45

Die im Material angegebenen Internetadressen wurden zuletzt am 17.12.2018 geprüft.

www.hase-und-igel.de
Lektorat: Mira Fischer
Satz: Appel Grafik München GmbH
Illustrationen: Petra Dorkenwald

ISBN 978-3-86760-558-8

Das Buch

In dem Roman „Flaschenpost in Sütterlin" stehen die Themen „Freundschaft", „Flucht" sowie „Abschied und Neuanfang" im Mittelpunkt – Themen, die für alle Schüler relevant sind. Die Autorin Andrea Behnke verwebt darin zwei Biografien: In der Gegenwart verlässt ein Mädchen sein Zuhause, um nach Norddeutschland zu ziehen. In der Vergangenheit verlässt ein Mädchen seine Heimat, da es vor Krieg und Gewalt flieht. Beide müssen an einem fremden Ort neu anfangen. Ihre Lebensgeschichten sind durch eine Flaschenpost miteinander verbunden.

Diese Flaschenpost hat Irmgard Sobansky im Jahr 1947 an ihre Freundin Elli geschrieben. Auf der Flucht aus Ostpreußen haben sich die beiden aus den Augen verloren. Über siebzig Jahre später entdeckt Evi die Flasche am Strand. Sie ist kürzlich von Bayern an die Ostsee gezogen und findet es dort „[n]ass und kalt und flach und doof" (S. 13). Außerdem vermisst sie ihre beste Freundin Franzi.

Am neuen Wohnort lernt sie Lina und Jonathan kennen. Gemeinsam mit ihnen spürt sie die Absenderin der Flaschenpost in Lübeck auf. Von Frau Sobansky erfahren die drei, wie die beiden Freundinnen Irmgard und Elli damals auf der Flucht getrennt wurden. Evi, Lina und Jonathan machen sich auf die Suche nach Elli, wobei ihre Geduld auf die Probe gestellt wird. Doch am Ende gelingt es den Kindern, die beiden alten Freundinnen wieder zusammenzuführen, und Evi hat einen anderen Blick auf ihr neues Zuhause gewonnen.

Die Themen „Freundschaft" sowie „Abschied und Neuanfang" spielen für die Schüler der 4. bis 6. Klasse eine wichtige Rolle. Der Abschied von allem Vertrauten aus der Grundschulzeit, der Neubeginn an der weiterführenden Schule, Freunde, die einen begleiten, die man aus den Augen verliert, die man neu gewinnt – das bewegt viele Kinder in diesem Alter.

Flucht ist ein politisch-gesellschaftlicher Sachverhalt, mit dem die Schüler in ihrem Alltag konfrontiert werden – ob in den Nachrichten oder hautnah. Die Lektüre vermittelt die Botschaft: Immer und überall hat es Menschen gegeben, die ihre Heimat verlassen mussten, und wir sollten ihnen mit Empathie und Offenheit begegnen. Es lohnt sich, ihre individuellen Geschichten kennenzulernen.

Das Material

Das Material greift die genannten Themen der Lektüre auf und stellt eine Parallele zwischen der Lage der Flüchtlinge nach dem Zweiten Weltkrieg und der Situation von Geflüchteten heute her. Im Lehrerteil finden Sie Zusammenfassungen der einzelnen Kapitel, Gesprächs- und Schreibanlässe, Hinweise und Lösungen zu den Kopiervorlagen und weiterführende Anregungen für den Unterricht. Daran schließen sich die Kopiervorlagen an, mit deren Hilfe die Schüler ihr Leseverstehen überprüfen, verschiedene Textsorten (z.B. Vorgangs- und Personenbeschreibung) einüben und Informationen rund um den Themenkomplex „Flucht" im Internet recherchieren. Darüber hinaus werden sie dazu angeregt, über die Bedeutung von „Heimat" und „Zugehörigkeit" nachzudenken, lernen die Sütterlinschrift kennen und untersuchen die Beziehungen und die Kommunikation zwischen den Figuren.

Den Arbeitsblättern zu den einzelnen Romanabschnitten ist eine gekürzte Fassung der Lektüre in einfacher Sprache vorangestellt. Diese ermöglicht es auch den Schülern, die aufgrund geringer Deutschkenntnisse, schwacher Lesekompetenz oder Konzentrationsschwierigkeiten nicht das gesamte Buch bewältigen können, aktiv an der Unterrichtseinheit teilzunehmen.

Jede Kopiervorlage ist mit einer Symbolleiste versehen, die auf einen Blick deutlich macht, welche Schüleraktivitäten hier im Vordergrund stehen:

Wir wünschen Ihnen und Ihrer Klasse viel Freude bei der Arbeit mit dem Buch und dem Material.

Katrin Klöckner und Sinja Steffens

Vor der Lektüre

Stellen Sie den Bezug zur aktuellen Situation in der Klasse (z. B. bevorstehender oder gerade erfolgter Schulwechsel, neuer Schüler in der Klasse) oder zur aktuellen politischen bzw. gesellschaftspolitischen Lage (Nachrichten über Flucht, über diesbezügliche Maßnahmen oder eigene Erfahrungen mit Flüchtlingen) her, wenn Sie das Buch einführen.

Hinweise zu den Kopiervorlagen

Mein Lesetagebuch

Kopieren Sie dieses Arbeitsblatt sechsmal für jedes Kind. Die Schüler führen ihr Lesetagebuch kontinuierlich, indem sie nach jedem gelesenen Abschnitt die leeren Schreiblinien füllen. Die Blätter werden in einer Mappe gesammelt und dienen als Grundlage für das Klassengespräch und später als Rückblick und Zusammenfassung der Lektüre.

Zur dritten Frage auf dem Arbeitsblatt sollten vorab gemeinsam mögliche Gefühle gesammelt werden, damit die Kinder nicht nur „gut" oder „gelangweilt" schreiben. Knüpfen Sie hier an die Gefühle der Hauptfiguren in dem jeweiligen Abschnitt an, z. B. indem Sie nachhaken: Wie geht es Evi? Wie fühlt man sich, wenn man seine Freunde verlassen muss?

Unter Punkt 6 kommen die Schüler, die den Originaltext kennen, und die Kinder, die den Text in einfacher Sprache gelesen haben, miteinander ins Gespräch. Letztere haben möglicherweise Rückfragen zu Details, die ihnen in ihrer Version fehlen. Die Schüler formulieren Fragen und Antworten und denken darüber nach, warum bestimmte Einzelheiten in dem Text in einfacher Sprache ausgelassen wurden (weil sie für den Fortlauf der Handlung und die Charakterisierung der Figuren nicht zwingend notwendig sind).

Lösung

z. B.

1. Heute habe ich die Kapitel 1 bis 4 gelesen.
2. Darum geht es: Evi ist mit ihrer Familie an die Ostsee gezogen. Sie vermisst die Berge in Süddeutschland und ihre Freundin Franzi. An ihrem neuen Wohnort lernt sie zwei Kinder kennen: Lina und Jonathan.
3. Beim Lesen habe ich mich traurig gefühlt, weil es Evi nicht gut geht und sie Heimweh hat.
4. Das habe ich nicht verstanden: (Hier unbekannte Wörter oder unverständliche Handlungsweisen eintragen.)
5. Das ist mir besonders aufgefallen: Evi gefällt das Wetter an der Ostsee überhaupt nicht.
6. Darüber möchte ich mit der Klasse sprechen: Warum geht es Evi nicht gut?

Nord- und Süddeutschland

Dieses Arbeitsblatt setzen Sie lektürebegleitend ein. Hier wird das Verhältnis der Hauptfigur zu ihrem alten und neuen Zuhause deutlich und wie sich dieses im Laufe der Zeit verändert: Evi lebt sich immer mehr in Norddeutschland ein. Indem die Schüler das Arbeitsblatt nach und nach ergänzen, erwerben sie auch landeskundliches und geografisches Wissen und werden für sprachliche Besonderheiten der beiden Regionen sensibilisiert.

Lösung

Norddeutschland: z. B. Gummistiefel, Schietwetter, Meer, Ostsee, grau, „nass und kalt und flach und doof", Kapuze, Regen, „tschüss", Wind, frische Luft, Strand, Flaschenpost, Jonathan, Lina, Möwen, Franzbrötchen, Herzmuschel, Herzmuschelkette, „So viel Himmel gibt es in den Bergen nicht."

Süddeutschland: z. B. Schnürlregen, „servus", Berge, Schnee, Schwimmen in Badeseen, Franzi, Kaiserschmarrn, Fleischpflanzerl, Brezen, Freundschaftsarmband

Lektüre in einfacher Sprache

Auf diesen drei Kopiervorlagen finden Sie eine gekürzte Fassung der Lektüre in einfacher Sprache. Sie eignen sich für Schüler, die aufgrund geringer Deutschkenntnisse oder Lesekompetenz nicht den gesamten Roman bewältigen können. Die Handlung wurde auf das Wesentliche reduziert, Wortschatz und Satzstruktur deutlich vereinfacht.

Auf einer Seite sind jeweils zwei Abschnitte in einfacher Sprache verkleinert abgebildet. Vergrößern Sie beim Kopieren jede Seitenhälfte auf DIN-A4-Format.

Auch wenn in Ihrer Klasse kein Kind auf die gekürzte Fassung angewiesen ist, können Sie die Kopiervorlagen im Unterricht einsetzen. Folgende Fragen dienen als Anregung für die Beschäftigung mit dem Thema „einfache Sprache":

- Für wen werden Informationen in einfacher Sprache geschrieben?
- Seit wann gibt es die Vorschrift, dass auf offiziellen Internetseiten auch Informationen in einfacher Sprache angeboten werden müssen? Warum?
- Wie unterscheiden sich Texte in einfacher Sprache von Nacherzählungen oder Zusammenfassungen?
- Vergleiche einen Originaltext (z. B. die AGB von Google) mit dem entsprechenden Text in einfacher Sprache. Was stellst du fest?

- Schreibe selbst einen Text in einfacher Sprache. Worauf musst du dabei achten? Welche Schwierigkeiten gibt es?
- Fasse einen Abschnitt des Buchs in einfacher Sprache auf einer DIN-A4-Seite zusammen. Was fällt dir auf?
- Vergleiche deinen Text mit der entsprechenden Passage in einfacher Sprache. Benenne Gemeinsamkeiten und Unterschiede.

1. bis 4. Kapitel
Evi zieht an die Ostsee

Inhalt

Evi ist vor Kurzem mit ihrer Familie an die Ostsee gezogen, weil ihr Vater hier eine neue Stelle gefunden hat. Evi vermisst ihre alte Heimat Süddeutschland und ihre Freundin Franzi. Mit ihrer Klassenkameradin Lina geht sie bei Regen am Strand spazieren. Die beiden begegnen Jonathan, einem Jungen aus Evis Nachbarhaus. Evi mag ihn, aber Lina bezeichnet ihn als Angeber. Am nächsten Tag läuft Evi allein an den Strand und trifft auf Lina. Diese lädt sie zu einer Tüte Süßigkeiten ein.

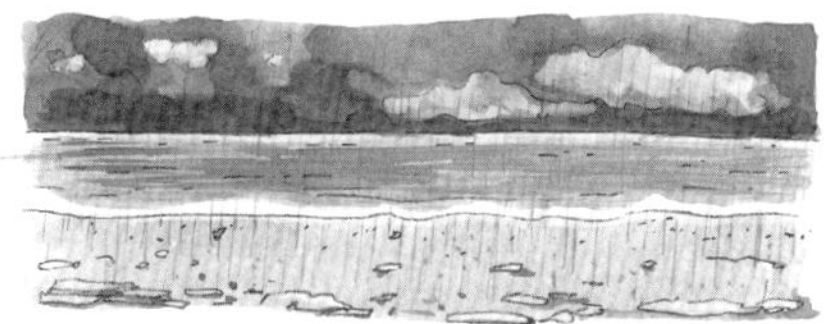

Gesprächs- und Schreibanlässe

Evi ist mit ihrer Familie nach Norddeutschland gezogen.
- Wie fühlt sie sich an ihrem neuen Wohnort?
- Bist du schon einmal umgezogen? Wie war das?

Evi vermisst ihre beste Freundin Franzi.
- Was macht einen guten Freund für dich aus?
- Kann es Freundschaft nur zwischen Menschen geben, die am selben Ort leben? Warum (nicht)?

Evi hat Heimweh.
- Wie beschreibt die Autorin Andrea Behnke dieses Gefühl von Evi?
- Welche sprachlichen Mittel verwendet sie dabei? (z. B. Vergleich: „Da sitzt dieses Heimweh wie ein großer Berg und drückt.“, S. 9)
- Wie wirkt die Landschaft an der Ostsee auf Evi? Welche Farben sieht sie? Was sagt das über ihre Gefühle aus?
- In welchen Situationen hattest du schon Heimweh?

Zu Beginn des 3. Kapitels sagt Evis Mama: „Du scheinst dich ja gut eingelebt zu haben.“ (S. 13)
- Woran merkt Evis Mama das?
- Wie reagiert Evi auf die Feststellung?

Hinweise zu den Kopiervorlagen

KV Seite 24

Schietwetter

Dieses Arbeitsblatt dient dazu, die Kinder mit der Protagonistin Evi sowie mit ihren aktuellen Lebensumständen (Umzug nach Norddeutschland, Heimweh) und den Personen in ihrem nahen Umfeld vertraut zu machen. Die Schüler tragen die fehlenden Wörter in den Text ein, wobei die vorgegebenen Begriffe eine Unterstützung darstellen. Beim Bearbeiten dieses Blatts erhalten die Kinder somit einen ersten Überblick über die Ausgangssituation der Handlung. Es sollte bedacht werden, dass die Übertragung einiger Textbausteine für diejenigen Kinder schwierig sein könnte, die nur die Lektüre in einfacher Sprache kennen. Wörter, die dort nicht vorkommen, sind in der Lösung mit einem Sternchen versehen. Hierzu können Sie im Vorfeld gegebenenfalls Hilfestellung geben. Alternativ arbeiten die Schüler mit einem Partner zusammen, der die ungekürzte Lektüre liest und behilflich sein kann.

Lösung

Aufgabe 1:
1. Evi ist mit ihren Eltern an die Ostsee gezogen.
2. Im Sommer wohnte sie noch in Süddeutschland.
3. Evis Papa hat eine neue Arbeit gefunden.
4. Evis beste Freundin aus der Heimat heißt Franzi.
5. Jonathan ist Evis Nachbar*.
6. Die Kinder bezeichnen den Dauerregen als Schietwetter.
7. Evi mag ihren neuen Wohnort nicht, weil es hier nass und kalt ist.
8. Sie spürt Heimweh* im Bauch.
9. Lina lädt Evi beim Bäcker ein.
10. Dort kaufen sie sich eine Tüte mit Süßigkeiten.

Aufgabe 2:
Berge

Weiterführende Anregung

Im Anschluss können Sie mit den Schülern die Bedeutung der Berge für Evi herausarbeiten. Die Berge verbindet sie mit Heimat, einer vertrauten Umgebung und Wohlbefinden. Da es in ihrem neuen Zuhause in Norddeutschland kaum Berge gibt, fühlt sie sich unglücklich und fremd.

Evis Neuanfang

Mit großer Wahrscheinlichkeit gibt es Kinder in der Klasse, die ähnlich wie Evi schon einmal „neu anfangen“ mussten – nach einem Umzug oder gar nach einer Flucht. Um den Blick dafür zu öffnen, was sich durch einen Umzug verändern kann – hier exemplarisch an Evis Situation –, sollen Aspekte in Form von verpurzelten Wörtern gesammelt werden.

Im Anschluss wird das Augenmerk darauf gelenkt, dass ein Neuanfang auch eine Chance sein kann. Die Kinder beschäftigen sich damit, wie man neue Freunde gewinnt. Die Beispiele lassen sich jedoch auch darauf beziehen, wie man eine gewonnene Freundschaft behält und pflegt. Leistungsstarke Schüler können weitere Tipps auf einem separaten Blatt notieren und sie anschließend im Plenum vorstellen.

Gerade im Hinblick auf Klassenfahrten, die häufig eine erste längere Zeit ohne Eltern und Familie bedeuten, ist Heimweh für viele Kinder ein Thema. In Kleingruppen überlegen sie, was man gegen dieses Gefühl tun kann, und halten ihre Gedanken auf einem Plakat fest. Dieses kann abschließend der Klasse präsentiert werden.

Lösung

Aufgabe 1:
Lehrer, Mitschüler, Wetter, Gummistiefel, Ostsee, Sprache, Badeschuhe
weitere Ideen: z. B. Nachbarn, Essen

Aufgabe 2:
individuelle Lösung

Aufgabe 3:
z. B. einen Brief oder eine Textnachricht schreiben, einen vertrauten Gegenstand wie z. B. ein Kuscheltier oder ein Schmuckstück mitnehmen; mit anderen etwas Schönes unternehmen, um sich abzulenken

5. bis 11. Kapitel
Die Flaschenpost

Inhalt

Evi findet am Strand eine Flaschenpost und ruft Lina herbei. Da der Brief in Sütterlinschrift verfasst ist, können sie ihn nicht lesen. Svea-Malinda, Linas Freundin, kommt dazu und macht sich über die Flaschenpost lustig. Evi geht nach Hause. Ihr Vater schlägt vor, den alten Mann aus dem Nachbarhaus zu fragen, ob er den Brief entziffern kann. Jonathans Uropa beherrscht Sütterlin und liest Evi die Nachricht vor. Die Absenderin ist Irmgard Sobansky, die auf der Flucht aus Königsberg im Jahr 1945 ihre beste Freundin Elli verloren hat.

Lina erkundigt sich auf dem Nachhauseweg von der Schule nach der Flaschenpost, aber weil Svea-Malinda dabei ist, will Evi nichts erzählen. Ihr Vater hat Kaiserschmarrn gemacht, der sie an zu Hause erinnert. Nach dem Essen treffen sich Evi und Lina auf dem Spielplatz und vertragen sich wieder. Gemeinsam mit Jonathan beschließen sie, Irmgard zu suchen.

Gesprächs- und Schreibanlässe

Evi und Lina finden eine geheimnisvolle Flaschenpost.
- Warum können die Mädchen die Flaschenpost nicht lesen?
- Was könnte in dem Brief stehen?
- Hast du schon einmal eine Flaschenpost geschrieben oder gefunden? Erzähle.

Evi ist genervt von Svea-Malinda.
- Wann bist du so richtig genervt?
- Wie kannst du dieses Gefühl loswerden?

Nachdem Evi den Inhalt von Irmgards Brief kennengelernt hat, ist sie traurig.
- Wann bist du traurig?
- Was hilft gegen Traurigkeit?

Im 10. Kapitel steht: „Nach dem Essen legt sich Evi in ihrem Zimmer aufs Bett. Sie starrt an die Decke. An die Decke, die so weiß ist wie ihr Leben hier. Ein weißes Leben.“ (S. 38)
- Was bedeutet „weißes Leben“?
- Wie könnte Evi ihr Leben „bunter“ gestalten?
- Was macht dein Leben „bunt“?

Hinweise zu den Kopiervorlagen

Wer liest den Brief vor?

In diesem Abschnitt tauchen viele neue Figuren auf, die unterschiedliche Handlungen durchführen. Um ihr Textverständnis zu überprüfen, schreiben die Schüler die richtige Person zur vorgegebenen Aktivität in die Tabelle. Sie können den Schwierigkeitsgrad variieren, indem Sie an der Tafel die gesuchten Namen in verkehrter Reihenfolge vorgeben. Kinder, die mit der Lektüre in einfacher Sprache arbeiten, verfügen ebenfalls über das inhaltliche Wissen, um die Aufgabe zu lösen. Schnelle Schüler können die Tabelle um weitere Personen und Aktivitäten erweitern.

Lösung

1. Evi findet eine Flaschenpost am Strand.
2. Der Uropa liest den Brief vor.
3. Irmgard und Elli mussten mit ihren Familien weggehen.
4. Irmgard hatte Schmerzen im Fuß.
5. Elli bekam keinen Platz mehr auf dem Wagen.
6. Irmgard hat den Brief geschrieben.
7. Evis Papa macht für Evi Kaiserschmarrn.
8. Evi, Lina und Jonathan wollen Irmgard Sobansky suchen.

Weiterführende Anregung

Lassen Sie die Kinder die Verben in den Sätzen unterstreichen und lenken Sie ihre Aufmerksamkeit darauf, dass verschiedene Zeitformen verwendet werden. Fragen Sie die Schüler nach dem Grund dafür. Der Gebrauch des Präsens gegenüber dem Perfekt/Präteritum verweist auf die beiden Handlungsebenen der Geschichte: Die Handlung um Evi findet in der Gegenwart statt, Irmgards Geschichte in der Vergangenheit.

Eine geheimnisvolle Schrift

Die Flaschenpost wurde in Sütterlin geschrieben. Dies stellt einen idealen Anlass dar, um mit den Schülern auf kindgemäße Weise über Schrift und die Entwicklung der Schriftsprache ins Gespräch zu kommen. Die Kinder lesen zunächst das Sütterlin-Alphabet, das zur besseren Orientierung mit Ober- und Unterlängen dargestellt ist und dem die entsprechenden heutigen Druckbuchstaben zugeordnet sind. Anschließend versuchen sie einen kurzen Satz zu entziffern und ihren Namen in Sütterlin zu schreiben.

Darüber hinaus bietet es sich an, die verschiedenen Schriften der Welt zu betrachten – z. B. das griechische, kyrillische, arabische und chinesische Alphabet. Nicht zuletzt können Kinder mit Migrationshintergrund hierbei Wertschätzung für ihre (Schrift-)Kultur erfahren.

Lösung

Aufgabe 2:
Danke für alles

Aufgabe 3:
individuelle Lösung

Weiterführende Anregung

Unternehmen Sie mit den Kindern einen Ausflug in ein Schulmuseum, um nicht nur die alte Schrift, sondern auch die damaligen Regeln und Umstände in der Schule kennenzulernen (Klassengröße, Klassenraum, Arbeitsmaterial, Lehrer-Schüler-Beziehung etc.). So lässt sich eine fächerübergreifende Verbindung zum Sachunterricht herstellen.

Weiterhin können Sie das regionale Altersheim als außerschulischen Lernpartner heranziehen und anfragen, ob Interviews mit den Senioren über ihre Schulzeit möglich sind. Andernfalls oder zusätzlich befragen die Kinder ihre Großeltern. Eventuell ist auch die örtliche Presse interessiert und die Schüler können ihre Ergebnisse veröffentlichen.

Missverständnisse

In einer Freundschaft kann es manchmal zu Missverständnissen kommen. Dass die Art und Weise der Kommunikation Einfluss auf Konflikte hat, soll den Schülern mit diesem Blatt bewusst werden.

Als Svea-Malinda sich über die gefundene Flaschenpost lustig macht, ist Evi nicht nur von ihr, sondern auch von Lina enttäuscht. Das wird an ihrer Aussage in der Sprechblase deutlich („Es ist nicht unser Brief."). Auf Evis spätere Frage, ob sie sich treffen wollen, antwortet Lina schriftlich lediglich mit „okay". Zunächst sollen die Kinder auf die wörtliche, kontextunabhängige Bedeutung des Wortes „okay" eingehen, um dann im nächsten Schritt herauszuarbeiten, dass das Wort je nach Situation unterschiedlich interpretiert werden kann. Indem die Schüler Evis Reaktion auf Linas „okay" analysieren, stellen sie den Lektürebezug her.

Kinder, die nur die Texte in einfacher Sprache kennen, können die Aufgaben zum Konflikt im Buch nicht eigenständig lösen. Hier bietet sich die Arbeit mit einem Partner an, der die komplette Lektüre liest. Jedoch sind alle Schüler in der Lage, über die schriftliche und mündliche Kommunikation (am Beispiel des Wortes „okay") zu diskutieren.

Lösung

Aufgabe 2:
z. B. Evi sagt das, weil sie Svea-Malinda und Lina als Verbündete sieht. Sie will ihr Geheimnis vor weiteren verbalen „Angriffen" schützen.

Aufgabe 3:
abgemacht, einverstanden

Aufgabe 4:
☺ = fröhlich, ☹ = traurig, ☹ = enttäuscht

Aufgabe 5:
z. B. Evi interpretiert Linas „okay“ zuerst als eher desinteressiert und genervt („Wenn es unbedingt sein muss.“). Sie ist kurz davor, sich eine Ausrede einfallen zu lassen, um sie nicht zu treffen. Doch dann sieht sie ein, dass Lina den Ausdruck vielleicht auch einfach in seiner wörtlichen Bedeutung („abgemacht, einverstanden“) verwendet hat.

Weiterführende Anregung
Im Anschluss an das Arbeitsblatt bietet sich ein Vergleich der geschriebenen und gesprochenen Sprache an: Warum kommt es bei geschriebenen Nachrichten häufiger zu Missverständnissen? Was braucht man, um eine Botschaft zu verstehen? Dies kann beispielsweise durch die Gegenüberstellung verschiedener Kommunikationsformen – einer Postkarte, eines Briefs, einer SMS / WhatsApp-Nachricht, eines Telefonats und eines persönlichen Gesprächs – gelingen. Dadurch wird die Bedeutung von Mimik, Gestik und Tonfall herausgearbeitet. Weiterhin ist es im Zuge der Digitalisierung interessant zu diskutieren, wie der Einsatz von Emojis die Wirkung einer Nachricht verändert. Informationen zu dem Thema finden sich im Internet, z. B. unter *www.duda.news/wissen/emojis-emoticons-aufgabe-sinn-experte-erklaert/.*

Aufdringlich und aalglatt
Dieses Arbeitsblatt geht näher auf die Figur Svea-Malinda ein. Da ihr äußeres Erscheinungsbild im 6. Kapitel genau erläutert wird, bietet es sich an, eine Personenbeschreibung zu verfassen. Händigen Sie den Kindern, die nur die Lektüre in einfacher Sprache kennen, den entsprechenden Textauszug (S. 22) aus. Je nachdem, wie vertraut die Schüler mit Personenbeschreibungen sind, können vorab die wichtigsten Kriterien im Plenum zusammengetragen werden (s. Infokasten rechts).

Mithilfe der Lektüre lässt sich auch Evis Meinung über Svea-Malinda klar benennen („aufdringlich, andauernd affektiert und aalglatt“, S. 22). Greifen Sie folgende Frage im Klassengespräch auf: Hängt das Aussehen / die Kleidung einer Person mit ihrem Verhalten / Charakter zusammen? Machen Sie deutlich, dass man nicht vom Äußeren auf den Charakter eines Menschen schließen sollte.

Neben dem Verfassen von Personenbeschreibungen wird auf diesem Blatt auch die Analyse sprachlicher Stilmittel geübt: Evis Charakterisierung von Svea-Malinda bietet hierfür einen guten Ausgangspunkt, weil sie sowohl eine Alliteration (alle Wörter beginnen mit A / a) als auch einen bildhaften Ausdruck („aalglatt“) nutzt. Da diese sprachliche Arbeit eine höhere Herausforderung darstellt, empfiehlt es sich, dass leistungsschwächere und leistungsstärkere Schüler paarweise zusammenarbeiten.

Die Personenbeschreibung
Das Ziel einer Personenbeschreibung ist es, ein umfassendes Bild einer fiktionalen Figur oder einer realen Person zu schaffen. Sie soll eindeutig von anderen unterschieden werden können. Folgende Kriterien helfen dabei:
- Mache möglichst detaillierte Angaben, sodass die Person nachgezeichnet werden kann.
- Nenne zuerst das Alter, die Größe und die Gestalt. Beschreibe dann die Person von Kopf bis Fuß: Gesicht (Augen, Nase, Ohren, Mund, Haarfarbe, Frisur), Kleidung, besondere äußere Merkmale.
- Gehe auch auf den Charakter und die Hobbys der Person ein.
- Schreibe immer im Präsens (Gegenwart).
- Benutze ausdrucksstarke Adjektive und Verben.
- Verwende abwechslungsreiche Satzanfänge.

Lösung
Aufgabe 1:
z. B. Svea-Malinda hat eine glatte und einfarbige Haut, die wie bei einer Puppe wirkt. Ihre Lippen glänzen und sind möglicherweise geschminkt. Die Haare bindet das Mädchen zu einem Dutt zusammen. Svea-Malinda trägt eine Karobluse mit Glitzersteinen und eine hautenge Jeans. Sie hat eine hohe Stimme und ein helles Lachen, das in Evis Ohren künstlich klingt. Das Mädchen reagiert aufdringlich und spöttisch auf die Flaschenpost.

Aufgabe 2:

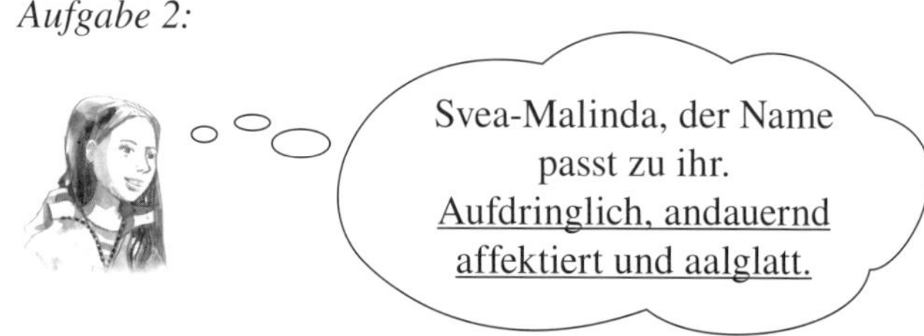

Aufgabe 3:
1. Alle Wörter beginnen mit A / a (Alliteration).
2. Evi benutzt einen bildhaften Ausdruck („aalglatt“).

Weiterführende Anregung
Die Schüler gehen kreativ mit Sprache um, indem sie sich selbst Aussagen nach dem Muster von Evis Beschreibung von Svea-Malinda ausdenken. Diese sollten jeweils aus drei Adjektiven bestehen, eine Alliteration aufweisen und einen bildhaften Ausdruck enthalten, z. B. „Brummig, bärtig und bärenstark.“ – „Elegant, erhaben und engelsgleich.“ – „Lächelnd, lieblich und lammfromm.“

12. bis 15. Kapitel
Die Suche nach Frau Sobansky

Inhalt

Jonathans Uropa erzählt vom Zweiten Weltkrieg. Evi muss an die Menschen denken, die gegenwärtig auf der Flucht sind, und wird traurig. Später recherchieren Evi, Lina und Jonathan im Internet nach der Adresse von Frau Sobansky und finden sie im Internet-Telefonbuch. Weil Jonathan mit seinen journalistischen Fähigkeiten prahlt, geraten die Kinder in Streit. Der Versuch, sich wieder mit Lina zu versöhnen, scheitert zunächst. Evi und Jonathan rufen Frau Sobansky an. Sie teilen ihr mit, dass sie die Flaschenpost gefunden haben, und vereinbaren ein Treffen bei ihr in Lübeck.

Gesprächs- und Schreibanlässe

Jonathans Uropa erzählt vom Zweiten Weltkrieg.
- Wovon berichtet er?
- Was weißt du über den Zweiten Weltkrieg?
- Kennst du Zeitzeugen? Hast du schon einmal mit ihnen über den Zweiten Weltkrieg gesprochen?

Lina ergänzt, dass auch heute Menschen fliehen.
- Kennst du Menschen, die geflohen sind?
- Macht es einen Unterschied, ob man Flüchtlinge persönlich kennt oder nur aus den Nachrichten von ihnen erfährt? Wenn ja, welchen? Wie kann sich die persönliche Bekanntschaft mit einem Flüchtling auf die eigene Einstellung auswirken?

Evi, Lina und Jonathan suchen im Internet nach Frau Sobansky.
- Mit welchen Mitteln recherchiert man im Internet? Welche weiteren Recherchemöglichkeiten kennst du?
- Wie kommt es zum Streit zwischen Lina und Jonathan?
- Was erfährst du in diesem Abschnitt über die Beziehung zwischen den Kindern?
- Kann eine Freundschaft zu dritt funktionieren? Was ist daran schwierig? Wie kann man solche Schwierigkeiten überwinden?

Evi und Jonathan rufen Frau Sobansky an.
- Wie fühlt sich die alte Frau wohl nach dem Telefonat mit den Kindern?
- Welche Erinnerungen und Hoffnungen gehen ihr durch den Kopf?

Hinweise zu den Kopiervorlagen

Da stimmt doch etwas nicht!
Dieses Arbeitsblatt dient der Überprüfung des Textverständnisses zum 12. bis 14. Kapitel und kann von allen Schülern bearbeitet werden. Sie sollen die Handlung der vier Kapitel in die richtige Reihenfolge bringen. Das Lösungswort bietet die Möglichkeit der Selbstkontrolle. Da sämtliche Buchstaben (R, E, C und H) mehrfach vorkommen und die Lösung somit nicht leicht zu erraten ist, ist zudem sichergestellt, dass die Kinder nicht mechanisch, sondern aufmerksam vorgehen.

Lösung
Aufgabe 1:
1. Am Anfang erzählt Jonathans Uropa vom Zweiten Weltkrieg. **(R)**
2. Er sagt, viele Menschen mussten damals über das Meer fliehen. **(E)**
3. Lina weiß, dass auch heute viele Menschen fliehen müssen. **(C)**
4. Nachdem der Uropa gegangen ist, suchen die Kinder Irmgard Sobansky zuerst mithilfe einer Suchmaschine. Sie finden aber nichts. **(H)**
5. Dann stößt Jonathan im Internet-Telefonbuch auf die Adresse und Telefonnummer von Irmgard Sobansky. **(E)**
6. Jonathan ist stolz auf seine Entdeckung. Lina findet, dass er ein Angeber ist. Sie läuft wütend weg. **(R)**
7. Jonathan entschuldigt sich bei Lina. Svea-Malinda ist bei ihr. **(C)**
8. Svea-Malinda behauptet, dass Evi und Jonathan verliebt sind. **(H)**
9. Verärgert geht Evi mit Jonathan weg. **(E)**

Aufgabe 2:
Das Lösungswort lautet: RECHERCHE.

Flucht oder Umzug?
Um die beiden Handlungsebenen der Lektüre zu vergleichen und die Unterschiede zwischen einer Flucht (Irmgard und Elli) und einem Umzug (Evi) herauszuarbeiten, ergänzen die Kinder die Tabelle. Die Leitfragen in der linken Spalte sowie die bereits vorhandenen Einträge dienen als Orientierung und Unterstützung. Das

Schwierigkeitsniveau kann variiert werden, indem leistungsstarke oder schnelle Schüler eine gänzlich leere Tabelle ausfüllen. Die Satzteile wurden bewusst im Präsens formuliert, da das Thema „Flucht" sehr aktuell ist. Der Vergleich soll den Kindern deutlich machen, dass ein Umzug auch positive Aspekte hat, während eine Flucht unfreiwillig und lebensbedrohlich ist.

Die zweite Aufgabe fordert die Schüler dazu auf, sich in jemanden hineinzuversetzen, der zur Flucht gezwungen ist. Sie werden auf unterschiedliche Ideen kommen, was sie mitnehmen würden. Diese sollten Sie im Anschluss im Klassengespräch thematisieren, wobei die Kinder ihre Wahl begründen. So wird deutlich, dass es verschiedene Herangehensweisen gibt – sowohl die emotionale (das Mitnehmen persönlich bedeutsamer Gegenstände wie eines Erinnerungsfotos oder eines Kuscheltiers) als auch die eher praktische (das Mitnehmen von Gegenständen zur Deckung der Grundbedürfnisse wie eines Handtuchs oder einer Zahnbürste). Mit dieser Aufgabe werden die Schüler nicht nur für das Thema „Flucht" sensibilisiert, sondern machen sich auch bewusst, was für sie in ihrem Leben wirklich wichtig ist.

Lösung
Aufgabe 1:

Fragen	Flucht	Umzug
Womit?	Flüchtlingsschiff, Zug, zu Fuß	Umzugswagen, Auto, Bahn, Bus, Flugzeug
Gefährlich?	Ja, viele Menschen überleben nicht.	Nein, viele Menschen ziehen mehrmals um.
Freiwillig?	unfreiwillig, gezwungen	meist freiwillig, aus eigenem Wunsch
Warum?	Krieg, Vertreibung, Armut	meist berufliche oder familiäre Gründe
Gepäck?	nur das Nötigste (in einem Sack, Beutel o. Ä.)	oft alle Möbel, Kleidung, Spielsachen
Versorgung?	Die Menschen leiden unter Hunger und Durst.	Meist wird Verpflegung für unterwegs mitgenommen.
Geplant?	nicht geplant, oft sehr spontan, das neue Leben ist ungewiss	wird im Voraus geplant

Aufgabe 2:
individuelle Lösung

Weiterführende Anregungen

- Sprechen Sie mit den Schülern über ihre Umzugserfahrungen: Welche Gründe gab es für den Umzug? Wie/ Womit seid ihr umgezogen? Wie hast du dich währenddessen und danach gefühlt?
- Vielleicht gibt es in Ihrer Klasse auch Kinder mit Fluchterfahrungen. Gehen Sie sensibel mit dieser Tatsache um und achten Sie darauf, dass niemand gegen seinen Willen zum Erzählen genötigt wird.
- Im Anschluss an die letzte Aufgabe des Blatts kann jedes Kind eine Tasche aus einem Küchentuch nähen, die mit dem wichtigsten Besitz gefüllt wird.

Recherche im Internet

Die ersten beiden Aufgaben bearbeiten die Schüler selbstständig und vergleichen anschließend ihre Ergebnisse mit einem Partner. Die dritte Aufgabe sollte in Gruppenarbeit erledigt werden. Einige Kleingruppen beschäftigen sich mit dem Thema „Flüchtlinge in unserer Zeit", andere Gruppen mit dem Thema „Flüchtlinge am Ende des Zweiten Weltkriegs". Die gesammelten Informationen präsentieren sie als Kurzreferat. Je nachdem, wie vertraut die Kinder mit dem Erstellen und Halten von Referaten sind, können Sie im Klassengespräch an die wichtigsten Punkte erinnern (s. Infokasten, S. 11).

Lösung
Aufgabe 1:
z. B. *www.fragfinn.de*
www.helles-koepfchen.de
www.kindex.de

Aufgabe 2:
z. B. Flucht aus der DDR, Kinder auf der Flucht, Migration, Integration und Asyl, Flucht und Vertreibung am Ende des Zweiten Weltkriegs, Flucht aus Deutschland während des Zweiten Weltkriegs, Flucht aus Syrien

Aufgabe 3:
a) „Flüchtlinge in unserer Zeit":
Herkunft der Flüchtlinge: vor allem aus Syrien (aber auch aus dem Irak, Nigeria, Iran, Türkei, Afghanistan etc.)
Grund für die Flucht: In Syrien herrscht seit dem Jahr 2011 ein Bürgerkrieg, in dem verschiedene Gruppen von Rebellen gegen die Regierung des Staatspräsidenten Baschar al-Assad kämpfen. (Weitere Fluchtgründe außer Krieg sind z. B. politische Verfolgung, Naturkatastrophen, Hunger oder ein gewalttätiger Partner.)

Ziel der Flucht: Einige Syrer fliehen in eine andere Region ihres Landes (Binnenflüchtlinge), andere in Nachbarländer (z. B. Türkei, Libanon und Jordanien) und viele kommen nach Europa (z. B. Deutschland, Österreich und Italien).
Wie werden/wurden die Flüchtlinge in Deutschland aufgenommen? Die Flüchtlinge aus Syrien werden bei uns sehr unterschiedlich aufgenommen, sowohl freundlich als auch feindselig. Im Sommer 2015, auf dem Höhepunkt der Flüchtlingskrise, haben z. B. viele Einheimische die Menschen aus Syrien am Münchner Hauptbahnhof willkommen geheißen. Nach wie vor unterstützen Ehrenamtliche die Flüchtlinge. Es gibt aber auch starke Ressentiments und Gewalt gegen Flüchtlinge, die oft auf Angst vor dem Fremden und auf Neidgefühlen beruhen.

b) „Flüchtlinge am Ende des Zweiten Weltkriegs":
Herkunft der Flüchtlinge: Ostpreußen, Pommern, Schlesien, Sudetenland
Grund für die Flucht: Einmarsch der Roten Armee und in der Folge Übergriffe auf die deutsche Bevölkerung sowie ihre systematische Vertreibung aus den ehemals besetzten Gebieten
Ziel der Flucht: Westdeutschland
Wie wurden die Flüchtlinge aufgenommen? Die jungen, kräftigen Männer waren als billige Arbeitskräfte willkommen, die übrigen Vertriebenen wurden oft nur ungern aufgenommen. Da nach dem Krieg alle Menschen hungerten, betrachteten die Einheimischen die Flüchtlinge vor allem als Konkurrenten um die wenigen Nahrungsmittel.

Das Referat
Bei der Vorbereitung eines Referats sammeln die Schüler die wichtigsten Informationen zu einem Thema. Diese stellen sie anschließend knapp und verständlich dar. Folgende Fragen sollten vorab geklärt werden: In welcher Form präsentieren wir unser Referat – als Plakat oder als PowerPoint-Vortrag? Welche Informationen schreiben wir auf, welche nennen wir nur mündlich?

Erinnern Sie die Kinder daran, dass sie das Referat üben müssen, damit sie es frei vortragen können. Bei der Präsentation sollte auf folgende Dinge geachtet werden:

- Blickkontakt zu den Zuhörern halten
- laut, deutlich und langsam sprechen
- sinnvolle Pausen einlegen
- zum Nachfragen auffordern
- durch kleine Quizfragen überprüfen, ob die anderen Schüler aufmerksam sind

KV Seite 33

Alles kribbelt
Dieses Arbeitsblatt greift das Thema des ersten Verliebtseins auf. An mehreren Stellen im Roman wird deutlich, dass Evi und Jonathan sich gernhaben. Für die meisten Schüler der 4. bis 6. Klasse spielen solche Gefühle eine wichtige Rolle. Die Thematik bietet zudem einen hervorragenden Ausgangspunkt für die Beschäftigung mit sprachlichen Bildern, Redewendungen und Sprichwörtern, auf die in der zweiten und dritten Aufgabe eingegangen wird.

Auch die Kinder, die die Lektüre in einfacher Sprache lesen, sind in der Lage, dieses Blatt zu bearbeiten. In Aufgabe 1 kann ein Sinnzusammenhang hergestellt werden, ohne diesen Romanabschnitt im Detail zu kennen.

Lösung
Aufgabe 1:
Jonathans Stimme bebt. (...) Am liebsten würde Evi seine Hand nehmen. Aber das traut sie sich nicht.
Evi überlegt, wie er im Sommer aussehen wird, wenn die Pünktchen so richtig aufblühen. Sie mag Sommersprossen.
Evi lächelt Jonathan an. Der wird rot.
Jonathan stellt sich dicht neben sie, sodass er auch etwas hören kann. Evi riecht sein Shampoo. Da kribbelt es noch mehr. Alles kribbelt.

Aufgabe 2:
tausend <u>Schmetterlinge</u> im Bauch haben
alles durch die <u>rosarote</u> Brille sehen
es wird einem <u>warm</u> ums Herz
weiche <u>Knie</u> bekommen
z. B. auf Wolke sieben schweben

Aufgabe 3:
z. B. Mit dem Sprichwort „Was sich neckt, das liebt sich" ist gemeint, dass Jungen und Mädchen sich gerade dann gern ärgern, wenn sie einander mögen. Diese Feststellung trifft auch auf Evi und Jonathan zu: Die beiden necken sich zum Beispiel, als Jonathan vor dem Anruf bei Frau Sobansky mit seinen Fähigkeiten als Journalist prahlt und Evi ihn einen „alten Angeber" nennt (S. 53).

Weiterführende Anregung
Die Schüler verfassen einen Tagebucheintrag aus Evis oder Jonathans Sicht über die Gefühle für den jeweils anderen. Neben dieser Textsorte werden dabei auch der Wechsel der Perspektive und die Empathiefähigkeit geschult. Die Kinder können außerdem eigene Emotionen ausdrücken, ohne zu viel von sich selbst preiszugeben. Dies sorgt gerade beim sensiblen Thema „erste Liebe" für genügend Distanz.

16. bis 26. Kapitel
Treffen mit Frau Sobansky

Inhalt

Evi und Lina versöhnen sich am Telefon und beschließen, gemeinsam mit Jonathan nach Lübeck zu fahren. In der Nacht davor schläft Evi unruhig, da der Inhalt des Briefs sie nicht loslässt. Bei Frau Sobansky erfahren die Kinder mehr über den Krieg und die Flucht, auf der Irmgard und Elli getrennt wurden. Die drei kehren bedrückt nach Hause zurück. Am nächsten Tag ist Evi krank und träumt schlecht von den damaligen Ereignissen.

Evi, Lina und Jonathan besuchen Frau Sobansky ein zweites Mal. Diese erzählt den Kindern von dem Fortgang ihrer Flucht und der Ankunft in Lübeck. Außerdem gibt sie ihnen ein altes Foto mit, auf dem Elli und sie als Mädchen zu sehen sind. Auf dem Heimweg begegnen die Kinder Svea-Malinda und berichten ihr vom Besuch bei Frau Sobansky. Am nächsten Tag trifft Evi den Uropa vor dem Haus und erfährt von seinem Freund Erwin, der auch im Krieg fliehen musste und dabei seinen Vater verlor.

Gesprächs- und Schreibanlässe

Evi und Lina vertragen sich.
- Wie kommt es dazu? Wer macht den ersten Schritt?
- Hast du schon einmal nach einem Streit den ersten Schritt zur Versöhnung gemacht? Erzähle.

Frau Sobansky berichtet, wie sie auf der Flucht von Elli getrennt wurde.
- Was ist damals passiert?
- Welche Wirkung haben die Berichte auf die Kinder?

Beim zweiten Besuch erzählt Frau Sobansky von ihrer Ankunft in Lübeck. Sie sagt: „Wir waren keine geladenen Gäste.“ (S. 86)
- Was meint Frau Sobansky damit?
- Hast du schon vergleichbare Erfahrungen wie Irmgard und ihre Mutter gemacht? Kennst du Menschen, denen es ähnlich ergangen ist?

Der Uropa berichtet von der Flucht seines Freundes Erwin. Er sagt: „Es ist wichtig, dass wir diese Geschichten kennen.“ (S. 99)
- Was meint der Uropa damit?
- Warum ist es wichtig, über den Zweiten Weltkrieg Bescheid zu wissen, obwohl er schon lange zurückliegt?

Hinweise zu den Kopiervorlagen

KV Seite 34

Besuch bei Irmgard Sobansky
Auf diesem Blatt wird das Textverständnis zum 17. bis 25. Kapitel abgefragt, indem die Kinder prüfen, ob die Aussagen wahr oder falsch sind. Diese Aufgabe eignet sich gut als Partner- oder Gruppenarbeit, da einige Details in der Lektüre in einfacher Sprache nicht vorkommen.

Lösung
Aufgabe 1:

	wahr	falsch
1. Evi träumt nachts von Irmgard, Elli und der Flucht.	X	
2. Die drei Freunde fahren zusammen nach Königsberg.		X
3. Evis Papa gibt den Kindern Geld, damit sie sich unterwegs eine Pizza kaufen können.		X
4. Frau Sobansky wohnt in der Nähe vom Bahnhof.	X	
5. Die Flaschenpost ist über siebzig Jahre in der Ostsee geschwommen.	X	
6. Irmgard und Elli waren sieben Jahre alt, als sie aus Ostpreußen fliehen mussten.		X
7. Irmgard nahm damals ihren Kuschelhasen Walli mit auf die Flucht.		X
8. Am Tag nach dem ersten Besuch bei Frau Sobansky hat Evi Kopfschmerzen.	X	
9. Bei Frau Sobansky gibt es leckeren Erdbeerkuchen.		X
10. Das Schiff, mit dem Irmgard und ihre Mutter flüchteten, fuhr nach Danzig.	X	
11. Irmgard und ihre Mutter fühlten sich in der neuen Heimat nicht willkommen.	X	
12. Frau Sobansky gibt den Kindern ein Farbfoto von damals mit.		X
13. Die Kinder gehen traurig zum Bahnhof.	X	

Aufgabe 2:
Das Lösungswort lautet: LIEBLINGSFOTO.

Geschichtlicher Hintergrund: Ostpreußen

In Form eines kurzen Sachtexts vermittelt dieses Arbeitsblatt als Erstes Informationen über Ostpreußen und die Umstände von Flucht und Vertreibung aus dieser Region am Ende des Zweiten Weltkriegs. Das Textverständnis wird überprüft, indem die Kinder Fragen beantworten. Klären Sie unbekannte Begriffe im Plenum. Schüler, die bereits ein Kurzreferat über das Thema „Flüchtlinge am Ende des Zweiten Weltkriegs“ gehalten haben, ergänzen die Informationen im Klassengespräch.

Im Anschluss daran wird der Bezug zur Lektüre hergestellt: Die Kinder wählen Stichworte aus dem Sachtext, die im Roman vorkommen, und erläutern sie in einem kurzen Satz. Differenzierend können Sie auch die Stichworte vorgeben. Bei dieser Aufgabe empfiehlt es sich, dass leistungsschwächere und leistungsstärkere Schüler paarweise zusammenarbeiten.

Lösung

Aufgabe 2:

1. Ostpreußen gehörte vor Ende des Zweiten Weltkriegs zu Deutschland.
2. Die Menschen mussten aus Ostpreußen fliehen, weil im Winter 1944/1945 die Rote Armee das Gebiet einnahm.
3. Die Flüchtlinge waren zu Fuß, mit Pferdewagen oder auf dem Schiff nach Westdeutschland unterwegs.
4. Die Menschen litten auf der Flucht unter der extremen Kälte und Hunger.
5. Nach der Aufteilung Ostpreußens wurden viele Deutsche aus dem Gebiet vertrieben und man nahm ihnen ihren gesamten Besitz weg.

Aufgabe 3:

Stichwort aus dem Sachtext	Inhalt der Lektüre
Pferdewagen	Irmgard flieht auf einem Pferdewagen.
Pillau	Irmgard geht in Pillau an Bord eines Schiffs.
„Steuben“	Erwin ist an Bord der „Steuben“, als sie sinkt.
Winter	Irmgard und ihre Mutter verbringen die frostigen Nächte im Freien.

KV Seite 36

Fluchtwege

Frau Sobansky berichtet den Kindern von der Flucht aus ihrer Heimat Königsberg. Anhand einer Karte führen sich die Schüler vor Augen, aus welchen Gebieten Menschen am Ende des Zweiten Weltkriegs fliehen mussten. Außerdem vollziehen sie den Fluchtweg von Irmgard nach. Im Anschluss an die beiden Aufgaben des Arbeitsblatts bietet es sich an, die Grenzen des Deutschen Reiches vor 1945 mit den heutigen Grenzen der Bundesrepublik Deutschland (und ggf. den Grenzen vor 1989) zu vergleichen.

Im Unterrichtsgespräch sollten Sie ansprechen, dass vor und während des Zweiten Weltkriegs vor allem Menschen jüdischer Abstammung aus Deutschland fliehen mussten, um sich vor der Verfolgung durch die Nationalsozialisten in Sicherheit zu bringen. Sie suchten im europäischen Ausland (Skandinavien, Türkei, Tschechoslowakei, Frankreich, Niederlande, Schweiz, Großbritannien) und im nichteuropäischen Ausland (Lateinamerika, Vereinigte Staaten) Zuflucht.

Lösung

Fluchtwege der Deutschen (grün): durchgezogene Pfeile (aus Ostpreußen, Pommern, Schlesien und einigen osteuropäischen Ländern nach Deutschland)

Fluchtweg Irmgards (rot): gestrichelter Pfeil (von Königsberg über Pillau und Danzig nach Lübeck)

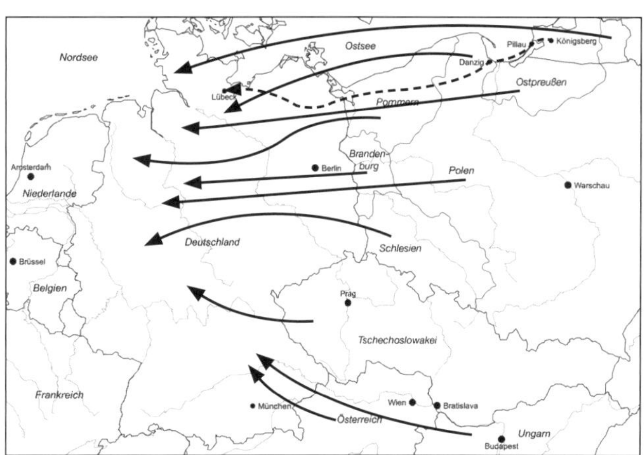

Weiterführende Anregungen

- Das „Lebendige Museum Online“ bietet eine didaktische Karte an, auf der Sie die Fluchtbewegungen anhand von Zahlen nachvollziehen können: *www.hdg.de/lemo/bestand/objekt/karte-fluchtbewegung.html.*
- Zeigen Sie den Schülern eine Europakarte. Woher und wohin fliehen jetzt gerade Menschen und warum?
- Lassen Sie die Kinder eine Weltkarte betrachten. Woher und wohin fliehen jetzt gerade Menschen und warum?

KV Seite 37

Heimat oder Zuhause?
Dieses Arbeitsblatt widmet sich den Begriffen „Heimat" und „Zuhause". Zunächst überlegen die Kinder, was für sie wichtig ist, damit sie sich an einem Ort zu Hause fühlen. Leistungsstarke Schüler schreiben zu Aufgabe 1 einen kurzen Text ins Heft.

Anschließend wird der Bezug zur Lektüre hergestellt: Während Frau Sobansky klar zwischen den beiden Wörtern differenziert, sprechen die Kinder im Roman einfach von „zwei Zuhauses" (S. 88). Die Schüler sind hier aufgefordert, Frau Sobanskys Unterscheidung genauer herauszuarbeiten. In der dritten Aufgabe benennen und malen die Kinder einen Gegenstand, der für sie „ein Stück Heimat" ist, ihnen also besonders am Herzen liegt. Da einige von ihnen vielleicht selbst schon Umzugs- oder gar Fluchterfahrungen gemacht haben, ist hier eine sensible Vorgehensweise unerlässlich.

Lösung
Aufgabe 1:
individuelle Lösung

Aufgabe 2:
Königsberg ist ihre „Heimat", weil sie dort aufgewachsen ist und viele Kindheitserinnerungen mit der Stadt verbindet. Lübeck ist ihr „Zuhause", da sie sich hier nun wohl und sicher fühlt.

Aufgabe 3:
individuelle Lösung

Weiterführende Anregung
Aufschlussreich und interessant ist es, mit den Kindern über folgende Fragen zu diskutieren:
- Kann man sich seine Heimat selbst aussuchen?
- Kann man an mehreren Orten zu Hause sein?
- Ist das Gefühl, zu Hause zu sein, immer an einen Ort gebunden?

KV Seite 38

Was denkt Svea-Malinda?
Hier beschäftigen sich die Schüler mit der Entwicklung Svea-Malindas im Laufe des Romans: vom anfangs aus Evis Sicht oberflächlich erscheinenden zum offensichtlich nachdenklichen Mädchen. Insbesondere Svea-Malindas Verhältnis zur Flaschenpost verändert sich. Während sie diese zuerst als Kinderei abtut, entwickelt sie später Interesse daran, weil sie erfährt, dass eine Lebensgeschichte dahintersteckt. Durch die Perspektivübernahme entwickeln die Kinder Verständnis für ihre Gedanken und Gefühle.

Lösung
Aufgabe 1:
Die Kinder malen Svea-Malindas „Destroyed Jeans" (eine helle Jeans mit Löchern).

Aufgabe 2:
z. B. „Oh nein, da gebe ich mit meiner neuen Jeans an, während die anderen drei gerade mit der alten Frau über so ein ernstes Thema wie Krieg gesprochen haben. Wie unangenehm!"

Aufgabe 3:
Anfangs hat Svea-Malinda sich über die Flaschenpost lustig gemacht, indem sie von „Piratengeschichten" (S. 23) gesprochen hat. Darauf spielt Evi mit ihrer Bemerkung „Wir sind doch nicht in einem blöden Piratenfilm" (S. 94) hier noch einmal an. Jetzt wird Svea-Malinda ernst, hört Lina ruhig und interessiert zu. Evi meint zu beobachten, dass ihre Augen glänzen.

27. bis 30. Kapitel
Die Suche nach Elli

Inhalt

Evi, Lina und Jonathan suchen im Internet nach Informationen über Frau Sobanskys Freundin. Weil sie nichts finden, sind sie frustriert und gehen Fußball spielen. Auf dem Bolzplatz treffen sie Svea-Malinda. Die schlägt vor, sich an die Zeitung zu wenden. Franzi rät Evi in einem Brief, Suchzettel aufzuhängen. Die Kinder probieren beides aus. Eine Frau meldet sich auf den Aushang, aber es stellt sich heraus, dass ihre Bekannte nicht die richtige Elli ist. Evi ist enttäuscht und ihre Mutter versucht sie mit Brezen und Kakao zu trösten.

Gesprächs- und Schreibanlässe

Die Kinder setzen eine Suchmeldung in die Zeitung und schreiben Suchzettel.
- Wo hast schon du eine Suchmeldung oder einen Suchzettel gesehen? Wer wurde vermisst?
- Hast du selbst einmal einen Suchzettel verfasst? Wen oder was hast du gesucht?

Frau Lorenz sagt, dass ihre Bekannte Elli Demenz hat.
- Was ist Demenz?

- Hast du in deinem Umfeld schon Erfahrungen mit Demenz gemacht? Erzähle.

Evi ist über den Fund der „falschen Elli" enttäuscht.
- Wann warst du mal so richtig enttäuscht?
- Wie kannst du mit diesem negativen Gefühl umgehen?

Hinweise zu den Kopiervorlagen

KV Seite 39

Eine schwierige Suche

Mit diesem Arbeitsblatt wird das Textverständnis überprüft. Kinder, die den Text in einfacher Sprache gelesen haben, bilden Teams mit Schülern, die den Originaltext kennen.

Lösung

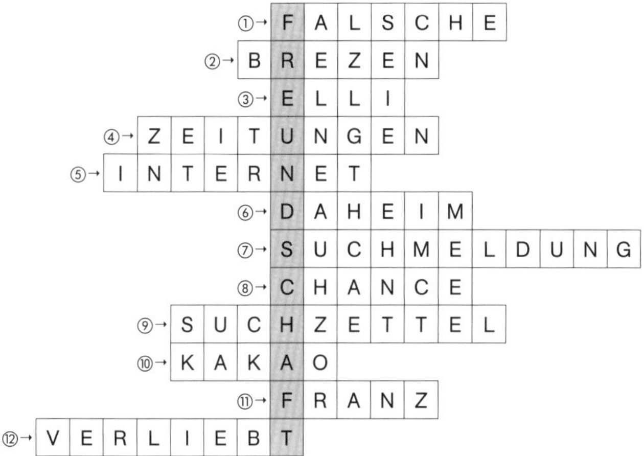

Das Lösungswort lautet: FREUNDSCHAFT.

Vermisst

Das Blatt bietet eine lückenhafte Suchmeldung für Elli. Durch die angegebenen Begriffe wird es auch den leistungsschwächeren Schülern ermöglicht, den Text zu vervollständigen. Sprechen Sie mit der Klasse darüber, was diese Suchmeldung erschwert und welche Aspekte fehlen. Hier sollte das wichtige Kriterium der Beschreibung des (aktuellen) Aussehens genannt werden.

Anschließend verfassen die Kinder eine eigene Suchmeldung für ein Haustier. Leistungsstarke Schüler können einen ausformulierten Text ins Heft schreiben.

Lösung
Aufgabe 1:
Freundin aus Königsberg gesucht
+++ Irmgard Sobansky ist im Krieg aus Ostpreußen geflohen. Sie ist sehr traurig, weil sie ihre Freundin Elli Adomeit seit der Flucht nicht mehr gesehen hat. Die beiden wohnten bis 1945 in der „Neuen Sorge" in Königsberg. Damals waren sie zehn Jahre alt. Irmgard Sobansky ist über Pillau nach Schleswig-Holstein gekommen. Noch bevor sie auf das Schiff ging, hat sie ihre Freundin Elli verloren. Bitte melden Sie sich in der Redaktion, wenn Sie Hinweise auf Elli Adomeit haben. +++

Aufgabe 2:
individuelle Lösung

Wer gehört zu mir?

Hier steht das Gefühl der Zugehörigkeit im Mittelpunkt. Zunächst führen sich die Schüler mithilfe einer Mindmap vor Augen, welche Beziehungen für die Protagonistin Evi von Bedeutung sind und sie prägen. Nach diesem Muster legen sie anschließend ein Netzwerk für die Hauptfigur der zweiten Handlungsebene an, Frau Sobansky. In einem weiteren Schritt überlegen die Kinder, welche Faktoren noch Einfluss auf Evis und Frau Sobanskys Zugehörigkeitsgefühl haben. Zwei wichtige Aspekte sind die Sprache und das Essen: Das Plattdeutsch und der norddeutsche Dialekt sorgen für ein Gefühl der Fremdheit, Schmandkuchen bzw. Kaiserschmarrn und Brezen werden mit der Heimat verbunden.

Nun beschäftigen die Schüler sich mit ihrem eigenen Beziehungsnetzwerk. Gerade für Kinder, die den Ort gewechselt haben, ist es hilfreich, sich vor Augen zu führen: Es gibt Menschen, die Anteil an ihrem Leben nehmen, auch wenn sie nicht täglich anwesend sind.

Weiterhin machen sich die Schüler Gedanken, welche Dinge ihnen noch ein Gefühl von Zugehörigkeit vermitteln – das können Sprache und Gerichte wie bei Evi und Frau Sobansky sein, aber auch bestimmte Rituale, besondere Orte in der Natur oder ein Haustier. Für viele Kinder und Jugendliche spielen soziale Netzwerke eine wichtige Rolle. Gehen Sie im Klassengespräch ggf. auf die Frage ein, was es bedeutet, dass sich das Gefühl der Zugehörigkeit immer mehr vom realen Erleben entfernt.

Lösung
Aufgabe 1:
Diese Menschen sind wichtig für Evi: Papa, Mama, Franzi, Lina, Jonathan

Aufgabe 2:
Diese Menschen gehören zu Frau Sobanskys Netzwerk: ihre Mutter, Elli Adomeit, Evi, Lina, Jonathan

Aufgabe 3:
s. Hinweise zur Kopiervorlage

Weiterführende Anregungen
Schnelle Schüler können folgende Zusatzaufgaben lösen:
- Wie haben sich die Netzwerke von Evi und Frau Sobansky durch den Umzug und die Flucht verändert? Markiere die alten und die neuen Verbindungen mit unterschiedlichen Farben.
- Zeichne dein eigenes Netzwerk auf ein Blatt Papier: Wer gehört heute dazu, wer gehörte früher dazu? Wer sollte in Zukunft noch Teil davon sein?

KV Seite 42

Das schmeckt nach daheim!
In Anknüpfung an das 30. Kapitel stellt dieses Arbeitsblatt ein Rezept für Brezen vor. Zugleich bietet es einen Anlass, das Beschreiben eines Vorgangs zu trainieren. Dies ist eine wichtige Fertigkeit, die in der 4. bis 6. Klasse erlernt und verinnerlicht werden sollte. Hier wird eine vollständige Vorgangsbeschreibung angegeben, die die Kinder in die richtige Reihenfolge bringen. Zuvor können die wichtigsten Kriterien im Plenum zusammengetragen werden (s. Infokasten rechts). Schnelle Schüler schreiben die Backanleitung ins Heft. Anschließend kann das Rezept mit der ganzen Klasse ausprobiert werden. Im nächsten Schritt wenden die Kinder die erlernten Kriterien beim Verfassen eines Familienrezepts an.

Lösung
Aufgabe 1:
1. Du benötigst 250 g Mehl, 120 g kalte Butter, sechs Esslöffel Milch, drei Esslöffel Natron, einen Liter Wasser, einen Teelöffel Salz und etwas grobes Salz zum Bestreuen.
2. Zuerst gibst du das Mehl, die Butter, die Milch und das Salz in eine große Schüssel und vermischst die Zutaten mit einem Knethaken.
3. Anschließend lässt du den Teig dreißig Minuten im Kühlschrank ruhen.
4. Dann nimmst du den Teig aus dem Kühlschrank, rollst ihn zu einem Strang und schneidest gleich große Stücke davon ab.
5. Rolle die Teigstücke zu langen dünnen Stangen und forme daraus die Brezen.
6. Gib nun das Natron ins Wasser, vermische es und koche es auf. Tauche die Brezen in einem Sieb etwa dreißig Sekunden lang in die Lauge.
7. Gleich darauf legst du die Brezen auf ein Backblech. Bestreue sie mit etwas grobem Salz.
8. Backe die Brezen bei 200 Grad zwanzig bis dreißig Minuten im Ofen.
9. Lasse die Brezen etwas abkühlen, bevor du sie probierst. Guten Appetit!

Aufgabe 2:
individuelle Lösung

Weiterführende Anregungen
- Im Anschluss an Aufgabe 2 bietet sich eine Schreibkonferenz in Kleingruppen an. Hierbei liest ein Schüler sein Rezept vor. Die anderen Gruppenmitglieder geben eine Rückmeldung mit Verbesserungsvorschlägen.
- Stellen Sie die verschiedenen Rezepte der Kinder zu einem Klassen-Rezeptbuch zusammen.

Die Vorgangsbeschreibung
Beim Verfassen einer Vorgangsbeschreibung sollten folgende Kriterien beachtet werden:
- Benenne die Zutaten und das Material.
- Schreibe in einer einheitlichen Person („du“ oder „man“).
- Verfasse deinen Text im Präsens (Gegenwart).
- Verwende abwechslungsreiche Satzanfänge und unterschiedliche Verben.
- Formuliere sachlich und knapp.

31. und 32. Kapitel **„Happy End“**

Inhalt

Die Kinder sind mit dem Uropa am Strand, als Lina einen Anruf erhält und die frohe Neuigkeit verkündet: Sie haben die richtige Elli gefunden. Glücklich fahren Evi, Lina und Jonathan mit Svea-Malinda zu Frau Sobansky und geben ihr Ellis Telefonnummer. Die alte Frau weint vor Freude und schenkt ihnen zum Dank den Teddybären Walli. Draußen überreicht Lina ihrer Freundin Evi eine Halskette mit einer herzförmigen Muschel. Sie selbst hat auch eine. Als Jonathan scherzhaft nachfragt, ob er leer ausgehe, denkt Evi, dass ihm ihr Herz bereits gehört. Die vier Kinder gehen Hand in Hand zum Bahnhof.

Gesprächs- und Schreibanlässe

Der Uropa kommentiert das Finden der richtigen Elli mit den Worten: „Das ist fast … ein Wunder.“ (S. 121)
- Glaubst du an Wunder? Warum (nicht)?
- Ist dir schon ein (ähnliches) Wunder passiert? Erzähle.

Die Kinder geben Frau Sobansky Ellis Telefonnummer.

- Wie wird Elli wohl auf den Anruf ihrer alten Freundin reagieren?
- Was haben sich die beiden Frauen zu erzählen? Schreibe ein mögliches Telefongespräch auf.

Hinweise zu den Kopiervorlagen

Geschenke für alle

Mit diesem Arbeitsblatt können Sie das Textverständnis der Kinder überprüfen. Zu zweit oder in kleinen Gruppen tauschen sie sich über den Abschnitt aus. Schüler, die den Text in einfacher Sprache gelesen haben, sollten mit Kindern zusammenarbeiten, die den Originaltext kennen.

Lösung

1. Die Hoffnung.
2. Am Strand.
3. Eine Herzmuschel.
4. Elli.
5. Jonathan.
6. Vor Freude.
7. Ellis Telefonnummer.
8. Einen Teddy.
9. Ein Freundschaftsarmband.
10. Eine Kette mit einer Herzmuschel.
11. Für Svea-Malinda.
12. Das Meer.

H	O	F	F	N	U	N	G	A	S	E	D	F
A	S	C	V	G	H	O	J	Ö	M	L	E	S
S	V	E	A	-	M	A	L	I	N	D	A	S
A	R	M	B	A	N	D	I	R	M	I	T	S
S	Y	X	C	V	B	N	M	K	J	H	E	E
T	E	L	E	F	O	N	N	U	M	M	E	R
R	D	F	G	H	T	J	K	L	E	L	Ö	Ä
A	A	G	K	K	E	T	T	E	E	T	I	P
N	E	F	O	F	D	E	I	C	R	T	R	O
D	G	Z	L	G	D	D	O	V	D	T	E	I
A	F	H	H	H	Y	I	L	H	D	R	R	U
S	R	J	O	N	A	T	H	A	N	Q	T	Z
D	E	R	Z	J	T	H	P	C	W	M	H	T
R	U	I	T	I	Z	R	W	E	L	L	I	R
E	D	J	E	M	R	Z	K	H	D	E	N	E
H	E	R	Z	M	U	S	C	H	E	L	G	W

Angekommen

Evis Meinung über das Leben in Norddeutschland hat sich im Laufe des Romans stark gewandelt. Um sich dies bewusst zu machen, schreiben die Kinder zunächst Evis Gedanken zu den Naturphänomenen an der Ostsee und zentralen Motiven der Geschichte auf. Durch eine genaue Textarbeit mit dem letzten Kapitel lässt sich die Aufgabe gut lösen. Hier bietet sich wieder eine Zusammenarbeit von leistungsschwächeren mit leistungsstärkeren Schülern an. Das ausgefüllte Blatt „Nord- und Süddeutschland" (s. S. 20) kann als zusätzliche Hilfestellung dienen.

Anschließend versetzen sich die Kinder an Evis Stelle und schreiben Franzi einen Brief, in dem sie ihrer Freundin von der erfolgreichen Suche nach Elli berichtet. So wird ein positiver Abschluss der Lektürearbeit geschaffen.

Lösung

Aufgabe 1:

die Luft: „Die Luft hier ist wirklich wunderbar." (S. 125)
die Muscheln: „Muscheln sind cool." (S. 125)
der Himmel: „So viel Himmel gibt es in den Bergen nicht." (S. 123)
das Meer: „Evi mag das Meer schon jetzt." (S. 126)

Aufgabe 2:

individuelle Lösung

Weiterführende Anregung

Stellen Sie den Schülern folgende Aufgabe: Was mögt ihr gern an eurem Wohnort? Überlegt zu zweit, welche Besonderheiten und Freizeitmöglichkeiten es bei euch gibt, und erstellt ein Plakat für die Klasse.

Nach der Lektüre

Mit dem Spiel können die Schüler den gesamten Roman Revue passieren lassen. Durch den Brief der Autorin erhalten sie Einblicke in seine Entstehungsgeschichte.

Weg durch Deutschland (Spiel)

Die Kinder setzen sich auf spielerische Weise mit dem Inhalt der Lektüre auseinander. Achten Sie bei der Gruppenbildung darauf, dass leistungsschwächere und leistungsstärkere Schüler zusammenarbeiten.

Kopieren Sie den Spielplan im DIN-A3-Format und laminieren Sie ihn. Die Kinder ergänzen die Spielkarten zuerst eigenständig, laminieren sie anschließend oder kleben sie auf Karton und schneiden sie aus. Falls keine Spielfiguren vorhanden sind, werden alternativ Stiftkappen o. Ä. eingesetzt. Stellen Sie außerdem genügend Farbwürfel zur Verfügung. Die Gruppen können mit ihren eigenen Karten spielen oder die Sets untereinander austauschen.

Lösung
Beispiele für Kartenergänzungen:
An welchen Stellen kommt das Symbol „Berg“ vor?
In welchem Kapitel / Abschnitt finden die Kinder die Flaschenpost?
Du darfst noch einmal würfeln / zwei Felder vorrücken ...
Du musst einmal aussetzen / zwei Felder zurückgehen ...
Was bedeutet das Wort „Schnürlregen“?
In Kapitel 1 steht dieses Wort: Heimweh. Stelle es pantomimisch dar. (Weitere geeignete Wörter: z. B. Schaukel, Schneemann, Möwe.)

Beispiellösungen für die Aufgaben auf den Spielkarten:
Nenne ein Transportmittel (...) – Evi: Umzugswagen; Irmgard: Zug, Pferdewagen, Schiff.
Nenne drei Dinge (...) – Evi: Freundschaftsarmband, Handy, Kopfhörer; Irmgard: Tasche aus Geschirrhandtuch, Teddybär Walli, Foto.
Was erlebt deine Figur auf ihrem Weg? (...) – Evi: Sie findet eine Flaschenpost. Irmgard: Sie knickt auf der Flucht mit dem Fuß um, wird von einem Pferdewagen mitgenommen und von Elli getrennt.
Wie fühlt sich deine Figur auf ihrem Weg? (...) – Beide Mädchen fühlen sich bedrückt, traurig und entwurzelt. Irmgard leidet unter Durst, Hunger, Kälte und dem Verlust von Elli.
Welche Hindernisse gibt es auf deinem Weg? (...) – Evi: Das Heimweh erschwert es ihr anfangs, sich auf neue Beziehungen einzulassen. Irmgard: Der verletzte Fuß hindert sie am Weitergehen.
An welchen Stellen kommt das Symbol „Gummistiefel“ vor? (...) – Die Gummistiefel werden u. a. zu Beginn des 1. Kapitels (S. 7) und zu Beginn des 5. Kapitels (S. 19) erwähnt. Evi stellt fest, dass an ihrem neuen Wohnort nicht nur Kinder, sondern alle Menschen Gummistiefel tragen. Damit zeigt sich dieser Ort zunächst als kalt und abweisend.
An welchen Stellen kommt das Symbol „Berg“ vor? (...) – Die Berge werden u. a. im 1. Kapitel (S. 8) erwähnt. Sie stehen für Evis Heimat. Auch das Heimweh nimmt die Form eines großen „Bergs“ an, der in Evis Bauch sitzt und drückt (S. 9).
In welchem Kapitel finden die Kinder die Flaschenpost? – Sie finden die Flaschenpost im 5. Kapitel.

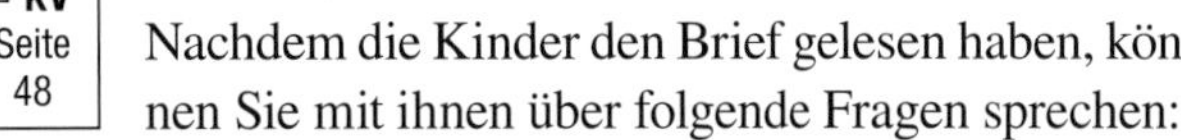

Ein Brief von der Autorin
Nachdem die Kinder den Brief gelesen haben, können Sie mit ihnen über folgende Fragen sprechen:

- Warum hat Andrea Behnke die Geschichte geschrieben? Skizziere ihre Motive (evtl. mithilfe einer Mindmap) und stelle die Entwicklung des Romans dar.
- Vergleiche den Umgang von Erwin mit seiner Vergangenheit mit dem Verhalten von Andrea Behnkes Großmutter. (Erwin erzählt seine Geschichte, die Großmutter von Andrea Behnke schwieg darüber.)
- Weshalb hat die Autorin beim Schreiben mehrmals „die Wut gepackt“?
- Wie beschreibt Andrea Behnke den Begriff „Heimat“? Stimmst du ihr zu?

Im Anschluss daran notieren die Schüler ihre Ideen für eine Antwort an die Autorin, aus denen sie in Partner- oder Gruppenarbeit einen Brief entwickeln. Sie können dafür auch ihr Lesetagebuch (s. S. 19) zu Hilfe nehmen.

Name:

lesen **schreiben** Spracharbeit rätseln malen forschen

Mein Lesetagebuch

Fülle die Lücken zu dem Abschnitt, den du zuletzt gelesen hast.

1. ______________________ habe ich die Kapitel ______________________ gelesen.

2. Darum geht es: ______________________

3. Beim Lesen habe ich mich ______________________ gefühlt, weil ______________________

4. Das habe ich nicht verstanden: ______________________

5. Das ist mir besonders aufgefallen: ______________________

6. Darüber möchte ich mit der Klasse sprechen: ______________________

Name:

lesen **schreiben** Spracharbeit rätseln malen forschen

Nord- und Süddeutschland

Schreibe nach jedem Abschnitt Wörter oder Sätze auf, die (für Evi) zu Nord- oder Süddeutschland passen.

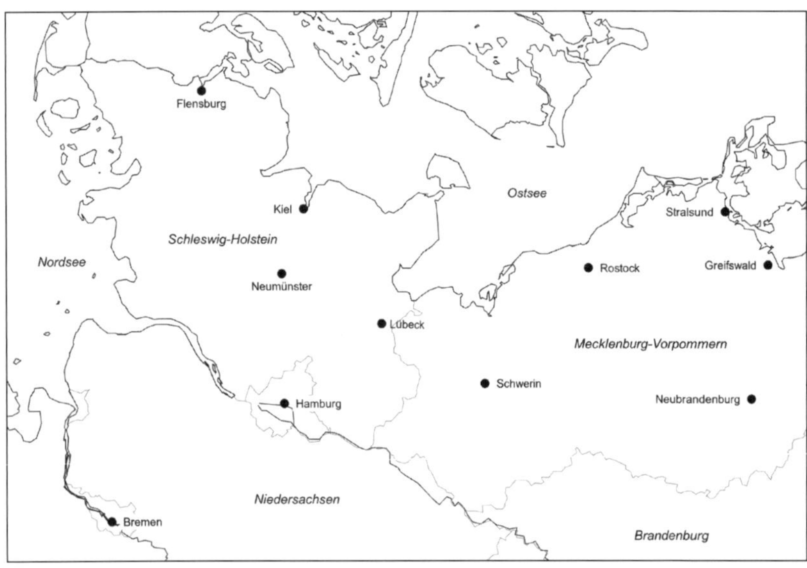

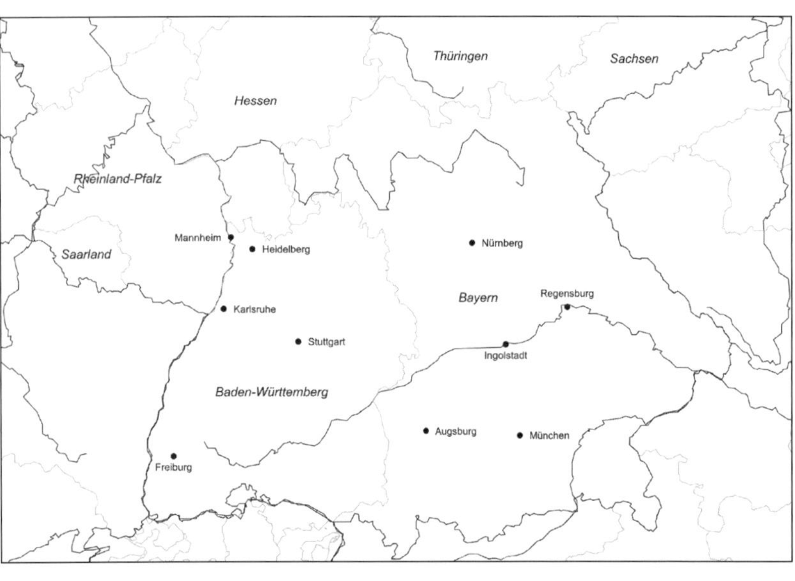

1. bis 4. Kapitel: Evi zieht an die Ostsee

Im Sommer wohnte Evi noch im Süden von Deutschland.
Dort lebt auch ihre beste Freundin Franzi.
Sie hatten viel Spaß zusammen.
Evi mag die Berge.

Eines Tages findet Evis Vater eine neue Arbeit.
Die Familie zieht um. Evi wohnt jetzt in Norddeutschland.
Evi ist traurig. Sie vermisst Franzi und die Berge.

Evi wohnt jetzt nah an der Ostsee.
In der Schule lernt sie Lina kennen.
Neben Evi wohnt ein Junge. Er heißt Jonathan. Evi mag ihn.
Evi sagt zum Abschied: „Servus." Jonathan sagt: „Tschüss."

Es ist nass und kalt. In Norddeutschland sagt man „Schietwetter".
In Süddeutschland sagt man „Schnürlregen".
Das Meer ist grau. Evi denkt: Warum ist das Meer nicht blau?
Das Wasser ist kalt. Manche haben Badeschuhe an.
Evi mag Schwimmen im Freibad und in klaren Bergseen.
Evi mag keine Badeschuhe und kein kaltes Meer.

Evi hat neue rote Gummistiefel.
In Norddeutschland tragen viele Leute Gummistiefel.
In Süddeutschland tragen nur kleine Kinder Gummistiefel.
Evi will wieder zurück nach Hause, nach Süddeutschland.
Doch Papa sagt: „Evchen, wir sind jetzt hier zu Hause."

Evi geht traurig an den Strand. Dort trifft sie Lina.
Lina kauft beim Bäcker eine Tüte mit Süßigkeiten.
Lina teilt mit Evi. Evi isst einen grünen Smiley.

5. bis 11. Kapitel: Die Flaschenpost

Evi findet eine grüne Flasche am Strand. Darin steckt ein Brief.
Der Brief in der Flasche ist sehr alt. Er ist aus dem Jahr 1947.
Leider können Evi und Lina den Brief nicht lesen,
weil der Brief in Sütterlin geschrieben ist.
So nennt man die alte deutsche Schreibschrift.

Svea-Malinda lacht über die Flaschenpost.
Sie ist Linas Freundin, aber Evi mag Svea-Malinda nicht.

Evi zeigt den Brief aus der Flasche Jonathans Uropa.
Der Uropa liest den Brief vor:

27. September 1947

Meine liebe Elli,
vor zwei Jahren mussten wir aus Königsberg weggehen.
Königsberg war unsere Heimat.
Du hast auf einem Schlitten gesessen.
Ich denke immer an deine lieben Augen.
Ich habe mir so sehr gewünscht, dass wir zusammenbleiben.
Doch Gott hat es nicht gewollt.
Mein Fuß tat so weh.
Da durften Mama und ich auf einem Pferdewagen mitfahren.
Ich habe noch gerufen: „Die Elli und ihre Eltern müssen auch mit!"
Aber es war kein Platz mehr auf dem Wagen.
Ich denke jeden Tag an dich.
Ich weiß, dass viele Menschen auf der Flucht erfroren sind.
Doch ich hoffe, dass du noch lebst.
Deine Freundin Irmgard Sobansky

Papa macht für Evi Kaiserschmarrn mit Puderzucker.
Die Stückchen sehen aus wie Berge, auf denen Schnee liegt.

Evi, Lina und Jonathan treffen sich am Strand.
Sie wollen Irmgard Sobansky suchen.

12. bis 15. Kapitel: Die Suche nach Frau Sobansky

Jonathans Uropa erzählt: „Im Zweiten Weltkrieg waren es Deutsche,
die fliehen mussten. Tausende sind über das Meer geflohen.
Einige Schiffe sind untergegangen.
Viele Menschen sind im Meer ertrunken."
Lina sagt: „Auch heute gibt es Menschen,
die ihre Heimat verlassen müssen.
Viele versuchen, über das Meer zu fliehen."
Der Uropa sagt: „Ich hoffe, beide haben überlebt."

Evi sagt: „Wir suchen im Internet nach Irmgard Sobansky."
Lina gibt den Namen in die Suchmaschine ein. Sie finden nichts.
Dann sucht Jonathan im Internet-Telefonbuch.
Er findet sie. Frau Sobansky wohnt noch immer in Lübeck.

Jonathan ist stolz auf seine Idee.
Er sagt: „Ich kann besser Dinge finden als ihr."
Lina sagt zu Jonathan: „Du bist ein Angeber!"
Sie läuft wütend weg.
Evi ist traurig über den Streit. Sie geht nach Hause.

Jonathan klingelt bei Evi. Er entschuldigt sich.
Gemeinsam gehen sie zu Lina.
Jonathan bittet Lina um Entschuldigung. Lina sagt: „Okay."
Svea-Malinda ist bei Lina. Sie sagt: „Evi und Jonathan sind verliebt!"
Evi ärgert sich über Svea-Malinda. Sie geht mit Jonathan weg.

Evi und Jonathan rufen bei Frau Sobansky an.
Sie wollen sie am nächsten Tag in Lübeck besuchen.

16. bis 26. Kapitel: Treffen mit Frau Sobansky

Evi, Lina und Jonathan fahren zusammen nach Lübeck.
Frau Sobansky erzählt von ihrer Freundin Elli
und von ihrer Heimat Königsberg in Ostpreußen.
Als der Krieg kam, mussten sie fliehen.
Auf der Flucht wurden Elli und Irmgard getrennt.
Die Flaschenpost hat Irmgard zwei Jahre nach der Flucht geschrieben.
Damit hat sie Abschied von Elli genommen.

Lübeck ist das neue Zuhause von Frau Sobansky.
Doch ihre Heimat ist Königsberg.
Frau Sobansky zeigt den Kindern,
was ihr von der Heimat geblieben ist:
ein Foto von Elli und sich und der Teddybär Walli.
Der Teddy war ein Geschenk von ihrem Vater.
Frau Sobanskys Vater ist im Krieg gestorben.

Die Kinder gehen traurig zum Bahnhof.
Dort treffen sie Svea-Malinda.
Sie war mit ihrer Mutter shoppen.
Als die drei Kinder vom Besuch bei Frau Sobansky erzählen,
hört Svea-Malinda ganz ernst und interessiert zu.

Der Uropa erzählt Evi von seinem Freund Erwin.
Wie Irmgard ist er im Krieg aus Ostpreußen geflohen.
Sein Schiff ist untergegangen.
Erwin konnte auf eine Rettungsinsel klettern.
Sein Vater hat es nicht geschafft.

Jonathan und Evi gehen zusammen an den Strand.
Sie toben und lachen. Das Lachen tut gut.
Evi betrachtet Jonathan. Sie findet ihn hübsch.

27. bis 30. Kapitel: Die Suche nach Elli

Evi, Lina und Jonathan suchen lange im Internet nach Elli.
Doch sie finden Elli nicht.
Die Kinder brauchen eine Pause. Sie gehen zum Fußballplatz.
Evi hakt Lina unter. Mit Franzi ist sie oft Hand in Hand gerannt.
Lina drückt Evi. Evi freut sich.

Auf dem Fußballplatz treffen sie Svea-Malinda.
Evi denkt an Papas Worte: „Gib Svea-Malinda eine Chance."
Svea-Malinda fragt: „Habt ihr es mal mit der Zeitung versucht?"
Die vier gehen zu Jonathan nach Hause.
Sie schreiben eine Suchmeldung und schicken sie an Zeitungen.

Evi bekommt einen Brief von Franzi.
Franzi schreibt: „Habt ihr Zettel aufgehängt?"
Evi klebt überall in der Stadt Suchzettel an.

Nach einer Woche hat sich noch niemand gemeldet.
Jonathan will aufgeben. Evi ist sauer. Sie streiten.
Lina sagt zu Evi: „Du bist verliebt." Evi sagt: „Quatsch."

Eine Frau ruft bei Evi an. Sie sagt: „Ich kenne eine Elisabeth Adomeit.
Ich gebe dir die Telefonnummer von ihrer Tochter."
Evi ruft an. Es ist niemand da.
Evi spricht auf den Anrufbeantworter.

Die Tochter von Elisabeth Adomeit ruft zurück.
Elisabeth Adomeit ist nicht die Elli, die sie suchen.

Evi ist sehr enttäuscht. Mama tröstet sie mit Kakao und Brezen.
Das duftet und schmeckt nach daheim.
Aber Evi muss auch an Franzi denken. Sie wird traurig.
Mama tröstet Evi: „Ihr werdet Elli noch finden."

31. und 32. Kapitel: „Happy End"

Die Kinder warten lange, aber es meldet sich niemand.
Kennt denn keiner Elli?

Jonathan geht mit dem Uropa spazieren.
Evi und Lina sammeln Muscheln am Strand.
Das erinnert Evi an den Sommer. Sie mag den Sommer.
Lina findet eine Herzmuschel mit einem Loch für eine Kette.
Evi mag Muscheln. In den Bergen gibt es keine Muscheln.

Lina bekommt einen Anruf auf ihrem Handy.
Sie haben die richtige Elli gefunden!
Evi rennt zu Jonathan. Sie umarmen sich. Sie sind sehr glücklich.

Am nächsten Tag fahren alle vier Kinder zu Frau Sobansky.
Evi schaut aus dem Zugfenster.
So viel Himmel gibt es in den Bergen nicht.

Die Kinder geben Frau Sobansky Ellis Telefonnummer.
Frau Sobansky weint vor Freude.
Zum Dank schenkt sie den Kindern den Teddy Walli.

Evi steckt einen Freundinnenbrief an Franzi in den Briefkasten.
Evi trägt ein Freundschaftsarmband von Franzi.
Lina schenkt Evi eine Kette mit einer Herzmuschel.
Sie sagt: „Jetzt haben wir beide eine!"
Svea-Malinda wird traurig.
Evi sagt: „Für dich finden wir auch noch eine Herzmuschel."
Jonathan fragt: „Bekomme ich kein Herz?"
Evi denkt: Mein Herz hast du schon. Aber sie sagt es nicht laut.

Lina sagt: „Die Ostsee ist echt klasse.
Spätestens im Sommer wirst du das merken."
Evi mag das Meer schon jetzt.

Name:

lesen **schreiben** Spracharbeit rätseln malen forschen

Schietwetter

Im den ersten vier Kapiteln lernst du Evi und ihr Leben kennen. Vervollständige die Sätze.

Süßigkeiten | Ostsee | Bäcker | Berge | Süddeutschland | Heimweh

Arbeit | nass und kalt | Franzi | Schietwetter | Nachbar

1. Evi ist mit ihren Eltern an die ______________________ gezogen.
2. Im Sommer wohnte sie noch in ______________________.
3. Evis Papa hat eine neue ______________________ gefunden.
4. Evis beste Freundin aus der Heimat heißt ______________________.
5. Jonathan ist Evis ______________________.
6. Die Kinder bezeichnen den Dauerregen als ______________________.
7. Evi mag ihren neuen Wohnort nicht, weil es hier ______________________ ist.
8. Sie spürt ______________________ im Bauch.
9. Lina lädt Evi beim ______________________ ein.
10. Dort kaufen sie sich eine Tüte mit ______________________.

Welches Wort bleibt übrig?
Schreibe es auf.

____

Evis Neuanfang

Evi ist mit ihrer Familie an die Ostsee gezogen.

Was ist alles neu für Evi? Schreibe die verpurzelten Wörter richtig auf. Ergänze eigene Ideen.

lüschMirte

rehLer

ttreWe

steeOs

liefstemmiGu

reSpach

ehBaschude

Wie kann man Freunde gewinnen, wenn man neu in der Klasse ist? Kreuze die drei Tipps an, die du am wichtigsten findest.

- ☐ hilfsbereit sein
- ☐ Komplimente machen
- ☐ eine nette Nachricht schreiben
- ☐ Geschenke verteilen
- ☐ in der Pause mit den anderen spielen
- ☐ das leckere Pausenbrot teilen
- ☐ über gemeinsame Hobbys sprechen

Evi vermisst ihre beste Freundin Franzi und die Berge. Was kann man gegen Heimweh tun? Sammelt Ideen und notiert sie auf einem Plakat.

Name:

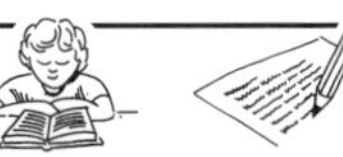
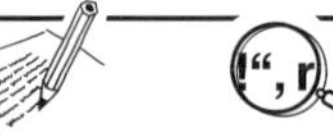

lesen **schreiben** Spracharbeit rätseln malen forschen

Wer liest den Brief vor?

Wer macht was in den Kapiteln 5 bis 11? Schreibe die richtige Person in die Tabelle. Manchmal sind es auch mehrere. Ergänze weitere Sätze.

Wer?	Was?
	findet eine Flaschenpost am Strand.
	liest den Brief vor.
	mussten mit ihren Familien weggehen.
	hatte Schmerzen im Fuß.
	bekam keinen Platz mehr auf dem Wagen.
	hat den Brief geschrieben.
	macht für Evi Kaiserschmarrn.
	wollen Irmgard Sobansky suchen.

Name:

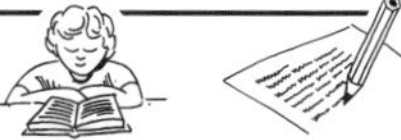
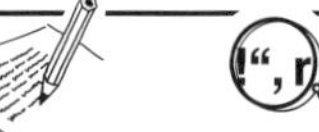

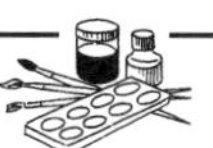

lesen | schreiben | Spracharbeit | rätseln | malen | forschen

Eine geheimnisvolle Schrift

Evi und Lina können den Brief nicht lesen, da er in Sütterlinschrift verfasst wurde.

Lies das Alphabet in Sütterlinschrift.

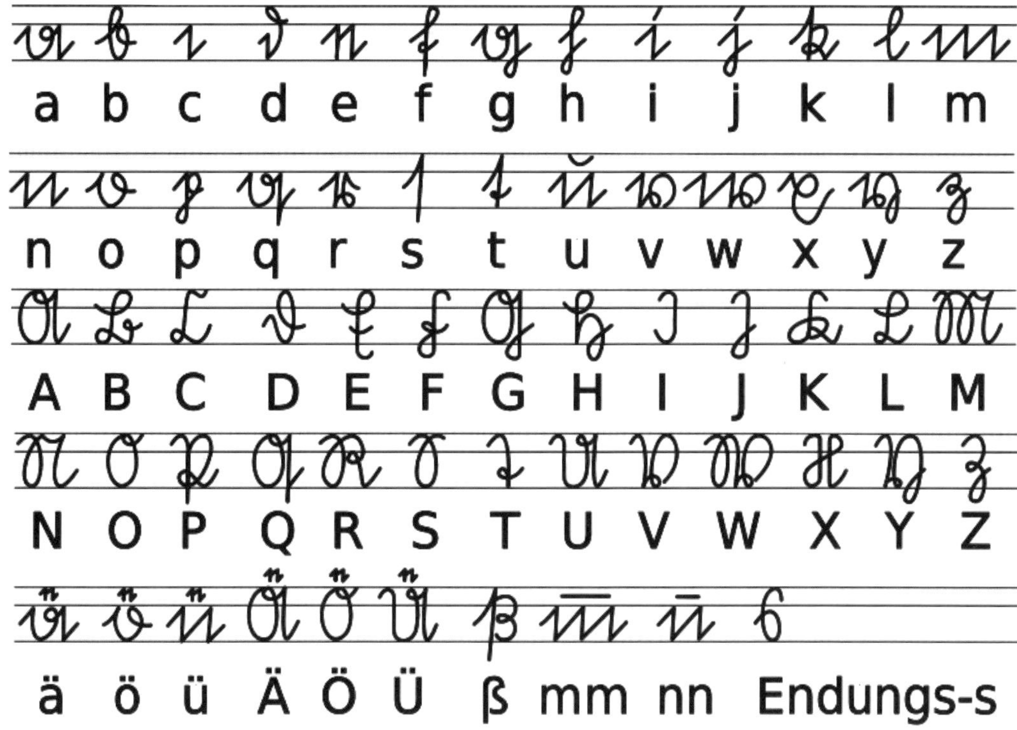

Was steht auf dem Zettel? Notiere die Wörter in unserer Schrift.

Schreibe deinen Vor- und Nachnamen in Sütterlin.

 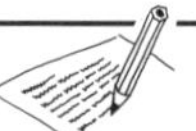    

Name: ______________________ **lesen** **schreiben** **Spracharbeit** rätseln malen forschen

Missverständnisse

Lies den Text in den Sprechblasen.

Was ist denn jetzt mit unserem Brief?

Es ist nicht unser Brief.

Warum gibt Evi diese Antwort? Notiere deine Vermutung.

Evi sagt das, weil ____

____

____

Evi bereut ihre Reaktion und schreibt Lina eine SMS. Lina antwortet nur mit „okay“.

Was bedeutet das Wort „okay“ wörtlich? Kreuze die richtige Erklärung an.

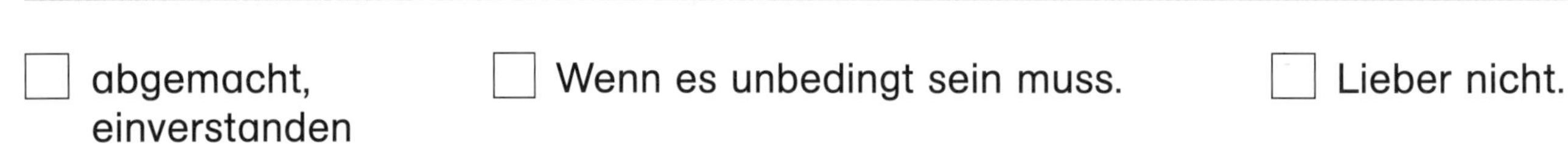

☐ abgemacht, einverstanden ☐ Wenn es unbedingt sein muss. ☐ Lieber nicht.

Das Wort „okay“ kann in verschiedenen Gefühlslagen geäußert werden. Schreibe die passende Stimmung neben das Bild.

☺ ____________________ ☹ ____________________ ☹ ____________________

Wie interpretiert Evi Linas Antwort „okay“? Sprecht darüber.

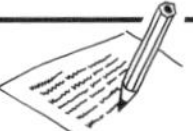

Name:

lesen | schreiben | Spracharbeit | rätseln | malen | forschen

Aufdringlich und aalglatt

Nachdem Evi und Lina die Flaschenpost gefunden haben, taucht plötzlich eine Klassenkameradin auf: Svea-Malinda.

Wie sieht Svea-Malinda aus? Verfasse eine Personenbeschreibung.

Was denkt Evi über Svea-Malinda? Ergänze die Denkblase.

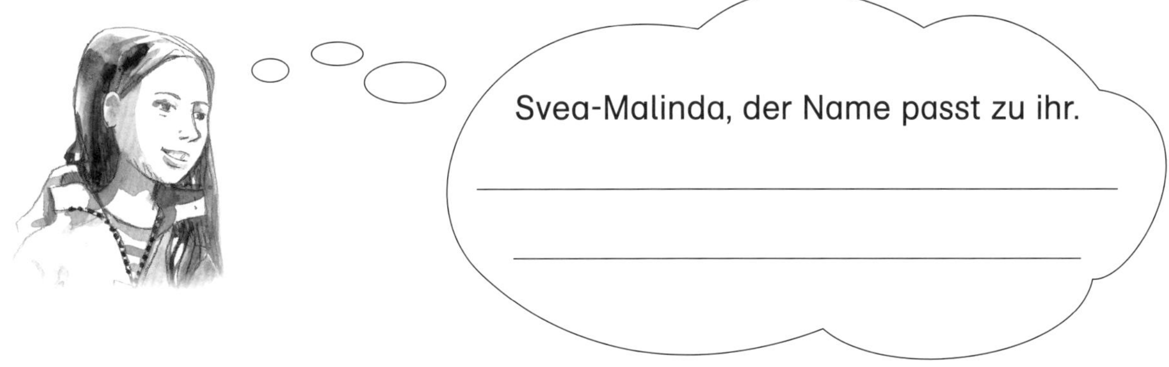

Was fällt dir an Evis Beschreibung auf? Notiere zwei sprachliche Besonderheiten.

1.

2.

Name: ____________________

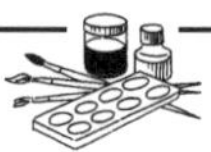

lesen schreiben Spracharbeit **rätseln** malen forschen

Da stimmt doch etwas nicht!

Hier ist einiges durcheinandergeraten. Bringe die Sätze in die richtige Reihenfolge, indem du die Kästchen nummerierst.

- [ ] Dann stößt Jonathan im Internet-Telefonbuch auf die Adresse und Telefonnummer von Irmgard Sobansky. **(E)**
- [ ] Am Anfang erzählt Jonathans Uropa vom Zweiten Weltkrieg. **(R)**
- [ ] Lina weiß, dass auch heute viele Menschen fliehen müssen. **(C)**
- [ ] Svea-Malinda behauptet, dass Evi und Jonathan verliebt sind. **(H)**
- [ ] Nachdem der Uropa gegangen ist, suchen die Kinder Irmgard Sobansky zuerst mithilfe einer Suchmaschine. Sie finden aber nichts. **(H)**
- [ ] Verärgert geht Evi mit Jonathan weg. **(E)**
- [ ] Jonathan ist stolz auf seine Entdeckung. Lina findet, dass er ein Angeber ist. Sie läuft wütend weg. **(R)**
- [ ] Jonathan entschuldigt sich bei Lina. Svea-Malinda ist bei ihr. **(C)**
- [ ] Er sagt, viele Menschen mussten damals über das Meer fliehen. **(E)**

Wenn du alle Sätze richtig geordnet hast, ergeben die Buchstaben dahinter ein Lösungswort. Schreibe es auf.

Das Lösungswort lautet:

1	2	3	4	5	6	7	8	9

.

Name:

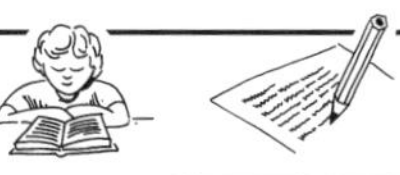

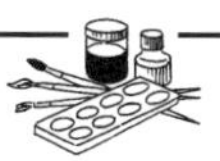

lesen **schreiben** Spracharbeit rätseln **malen** forschen

Flucht oder Umzug?

Irmgard und Elli mussten fliehen. Evi dagegen ist mit ihren Eltern in eine neue Stadt gezogen.

Was unterscheidet eine Flucht von einem Umzug? Ergänze die Tabelle.

Fragen	Flucht	Umzug
Womit?	Flüchtlingsschiff, Zug, zu Fuß	
Gefährlich?	Ja, viele Menschen überleben nicht.	
Freiwillig?		meist freiwillig, aus eigenem Wunsch
Warum?	Krieg, Vertreibung, Armut	
Gepäck?		oft alle Möbel, Kleidung, Spielsachen
Versorgung?	Die Menschen leiden unter Hunger und Durst.	
Geplant?		wird im Voraus geplant

Stell dir vor, du musst wie Irmgard und Elli überstürzt dein Zuhause verlassen. Es gibt kein Zurück mehr. Was würdest du einpacken? Male auf ein Blatt.

Name: ____________________

lesen | **schreiben** | Spracharbeit | rätseln | malen | **forschen**

Recherche im Internet

Um im Internet Informationen zu finden, benutzt man eine Suchmaschine.

Welche Suchmaschinen für Kinder und Jugendliche kennst du? Ergänze die Liste.

www.blinde-kuh.de

____

____

____

Wähle eine Suchmaschine aus. Gib den Begriff „Flucht“ in das Suchfeld ein. Schreibe Schlagworte auf. Vergleicht anschließend eure Ergebnisse.

____

____

____

Wählt eines dieser Themen aus: a) „Flüchtlinge in unserer Zeit“ oder b) „Flüchtlinge am Ende des Zweiten Weltkriegs“. Sucht im Internet nach Informationen und bereitet ein Kurzreferat vor.

Das soll in eurem Referat vorkommen:

- Herkunft der Flüchtlinge
- Grund für die Flucht
- Ziel der Flucht
- Wie werden / wurden die Flüchtlinge bei uns aufgenommen?

Hier findet ihr Informationen:

www.frieden-fragen.de
www.hanisauland.de
www.planet-wissen.de
www.youngcaritas.de
www.zdf.de/kinder
www.zeitklicks.de

Name:

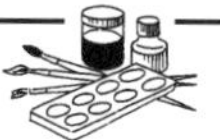

lesen | schreiben | Spracharbeit | rätseln | malen | forschen

Alles kribbelt

Evi und Jonathan mögen sich. Das wird an einigen Stellen im Buch deutlich. Verbinde die Aussagen passend.

Jonathans Stimme bebt. Am liebsten würde Evi … •	• Der wird rot.
Evi überlegt, wie er im Sommer aussehen wird, wenn die Pünktchen … •	• seine Hand nehmen. Aber das traut sie sich nicht.
Evi lächelt Jonathan an. •	• sein Shampoo. Da kribbelt es noch mehr. Alles kribbelt.
Jonathan stellt sich dicht neben sie, sodass er auch etwas hören kann. Evi riecht … •	• so richtig aufblühen. Sie mag Sommersprossen.

Es gibt viele sprachliche Bilder für das Verliebtsein. Ergänze die Ausdrücke und schreibe eine weitere Redewendung in dein Heft.

rosarote | Knie | warm | Schmetterlinge

tausend ______________________ im Bauch haben

alles durch die ______________________ Brille sehen

es wird einem ______________________ ums Herz

weiche ______________________ bekommen

Ein bekanntes Sprichwort lautet: „Was sich neckt, das liebt sich." Was ist damit gemeint? Trifft es auf Evi und Jonathan zu? Schreibe in dein Heft.

Name:

lesen schreiben Spracharbeit **rätseln** malen forschen

Besuch bei Irmgard Sobansky

Wahr oder falsch? Markiere jeweils den richtigen Buchstaben farbig.

	wahr	falsch
1. Evi träumt nachts von Irmgard, Elli und der Flucht.	L	W
2. Die drei Freunde fahren zusammen nach Königsberg.	A	I
3. Evis Papa gibt den Kindern Geld, damit sie sich unterwegs eine Pizza kaufen können.	G	E
4. Frau Sobansky wohnt in der Nähe vom Bahnhof.	B	P
5. Die Flaschenpost ist über siebzig Jahre in der Ostsee geschwommen.	L	R
6. Irmgard und Elli waren sieben Jahre alt, als sie aus Ostpreußen fliehen mussten.	T	I
7. Irmgard nahm damals ihren Kuschelhasen Walli mit auf die Flucht.	I	N
8. Am Tag nach dem ersten Besuch bei Frau Sobansky hat Evi Kopfschmerzen.	G	M
9. Bei Frau Sobansky gibt es leckeren Erdbeerkuchen.	K	S
10. Das Schiff, mit dem Irmgard und ihre Mutter flüchteten, fuhr nach Danzig.	F	U
11. Irmgard und ihre Mutter fühlten sich in der neuen Heimat nicht willkommen.	O	F
12. Frau Sobansky gibt den Kindern ein Farbfoto von damals mit.	L	T
13. Die Kinder gehen traurig zum Bahnhof.	O	S

Wenn deine Antworten richtig sind, ergeben die markierten Buchstaben ein Lösungswort.

Das Lösungswort lautet:

1	2	3	4	5	6	7	8	9	10	11	12	13

.

Name:

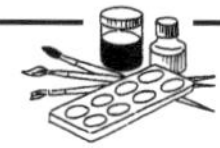

Geschichtlicher Hintergrund: Ostpreußen

Lies den Text über die Flucht aus Ostpreußen.

Die Region Ostpreußen gehörte noch bis zum Ende des Zweiten Weltkriegs im Jahr 1945 zu Deutschland. Ihre Hauptstadt war Königsberg. Als im Winter 1944/1945 die sowjetischen Soldaten der Roten Armee nach Ostpreußen kamen und das Gebiet einnahmen, mussten Millionen von Menschen plötzlich ihr Zuhause verlassen. Sie machten sich zu Fuß oder mit Pferdewagen auf den Weg nach Westdeutschland. Ein Teil von ihnen konnte vom Hafen Pillau aus über die Ostsee entkommen. Doch die Flüchtlingstrecks an Land wurden beschossen und einige große Schiffe, wie die „Steuben“, wurden versenkt. Der sehr kalte Winter (bis minus 30 Grad Celsius) und Hunger erschwerten die Flucht.
Deutschland verlor den Krieg im Mai 1945. Nun teilte man Ostpreußen auf die damalige Sowjetunion und Polen auf. Viele Deutsche wurden aus dem Gebiet vertrieben und man nahm ihnen ihren gesamten Besitz weg.

Beantworte folgende Fragen. Schreibe ganze Sätze in dein Heft.

1. Zu welchem Land gehörte Ostpreußen vor Ende des Zweiten Weltkriegs?
2. Warum mussten die Menschen am Ende des Zweiten Weltkriegs aus Ostpreußen fliehen?
3. Wie und wohin waren die Flüchtlinge unterwegs?
4. Worunter litten die Menschen auf der Flucht?
5. Was geschah mit den deutschen Einwohnern nach der Aufteilung Ostpreußens?

Welche Informationen aus dem Sachtext begegnen dir im Roman? Trage jeweils ein Stichwort ein und ergänze einen Satz zum Inhalt der Lektüre.

Stichwort aus dem Sachtext	Inhalt der Lektüre
Königsberg	Königsberg ist die Heimat von Irmgard und Elli.

Fluchtwege

Aus welchen Gebieten sind gegen Ende des Zweiten Weltkriegs Deutsche geflohen und wohin? Zeichne mit Grün Pfeile in die Karte. Wie verläuft Irmgards Fluchtweg? Zeichne ihn mit Rot ein.

Nordsee
Ostsee
Pillau
Königsberg
Danzig
Ostpreußen
Lübeck
Pommern
Brandenburg
Berlin
Polen
Warschau
Amsterdam
Niederlande
Deutschland
Schlesien
Brüssel
Belgien
Prag
Tschechoslowakei
Frankreich
München
Wien
Bratislava
Österreich
Ungarn
Budapest

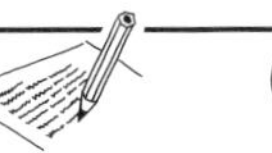

Name: ______________________ lesen **schreiben** Spracharbeit rätseln **malen** forschen

Heimat oder Zuhause?

Was ist dir wichtig, damit du dich an einem Ort zu Hause fühlst? Kreise Zutreffendes ein.

Familie   Kindheits-erinnerungen   Freunde   ich selbst sein können

Entspannung

wohlfühlen   Hobbys   Haustiere

In der Geschichte sagt Frau Sobansky zu Evi, Lina und Jonathan: „Lübeck ist mein Zuhause. Aber Königsberg ist meine Heimat." (S. 88)

Was meint Frau Sobansky damit? Was bedeutet „Zuhause" für sie, was „Heimat"? Notiere.

____

____

____

Als Frau Sobansky den Kindern ein altes Foto von sich und Elli gibt, sagt sie: „Aber passt gut auf das Foto auf. Das ist ein Stück Heimat." (S. 90)

Was ist für dich „ein Stück Heimat" und liegt dir besonders am Herzen? Male den Gegenstand und schreibe auf.

____

ist für mich ein Stück Heimat, weil

____

____

____

Name:

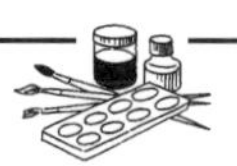

lesen **schreiben** Spracharbeit rätseln **malen** forschen

Was denkt Svea-Malinda?

Nachdem Irmgard von ihrer Flucht berichtet hat, treffen die drei Freunde am Bahnsteig auf Svea-Malinda. Sie war mit ihrer Mutter shoppen.

Was hat Svea-Malinda gekauft? Male in den Kasten.

Evi, Lina und Jonathan erzählen, dass sie bei Frau Sobansky waren. Svea-Malinda wird rot und stopft die Hose zurück in die Tüte.

Was geht Svea-Malinda in diesem Moment durch den Kopf? Schreibe ihre Gedanken auf.

Svea-Malindas Einstellung zur Flaschenpost hat sich geändert. Woran merkt man das? Sprecht darüber.

Eine schwierige Suche

Löse das Gitterrätsel. Trage die gesuchten Wörter in Großbuchstaben hinter den richtigen Nummern ein.

Wen suchen Evi, Lina und Jonathan? ③
Die Kinder benutzen dafür das ⑤ …
Was soll Evi Svea-Malinda geben? Eine ⑧ …
Svea-Malinda schlägt ④ … für die Suche vor.
Daraufhin schreiben die Kinder eine ⑦ …
Was schlägt Franzi für die Suche vor? ⑨
Lina sagt: „Evi ist in Jonathan ⑫ …"
Eine Frau ruft an. Sie kennt eine Elisabeth Adomeit. Doch das ist die ① … Elli.
Mama tröstet Evi mit einer Tasse ⑩ … und selbst gebackenen ② …
Evi sagt: „Brezen schmecken nach ⑥ … Aber die ⑪ …brötchen hier beim Bäcker sind fast genauso gut."

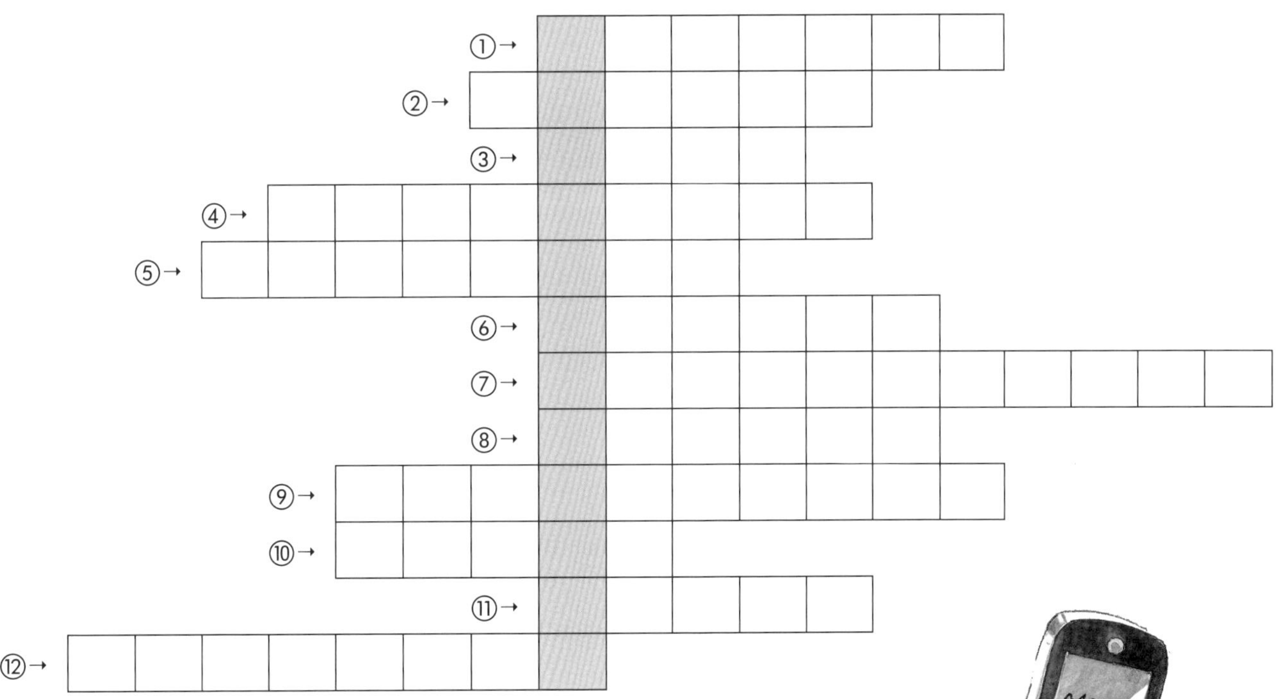

Das Lösungswort lautet:

1	2	3	4	5	6	7	8	9	10	11	12

.

Name: ________________

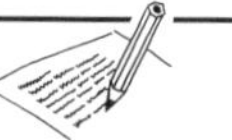

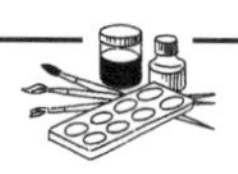

lesen **schreiben** Spracharbeit rätseln **malen** forschen

Vermisst

Als die Kinder die Suchmeldung für Elli schreiben, verschluckt der Computer ein paar Wörter. Setze die passenden Begriffe in die Lücken ein.

1945	Ostpreußen	zehn	Elli Adomeit	Schleswig-Holstein

Freundin aus Königsberg gesucht

+++ Irmgard Sobansky ist im Krieg aus ________________ geflohen. Sie ist sehr traurig, weil sie ihre Freundin ________________ seit der Flucht nicht mehr gesehen hat. Die beiden wohnten bis ________________ in der „Neuen Sorge" in Königsberg. Damals waren sie ________________ Jahre alt. Irmgard Sobansky ist über Pillau nach ________________ gekommen. Noch bevor sie auf das Schiff ging, hat sie ihre Freundin Elli verloren. Bitte melden Sie sich in der Redaktion, wenn Sie Hinweise auf Elli Adomeit haben. +++

Stell dir vor, dir ist dein Haustier weggelaufen. Schreibe eine eigene Suchmeldung und male ein Bild dazu. Präsentiere sie deiner Klasse.

✂ -

Name: ________________

Tierart: ________________

Vermisst seit: ________________

Alter: ________________

Größe und Gewicht: ________________

Farbe des Fells: ________________

Besondere Merkmale: ________________

Name: 

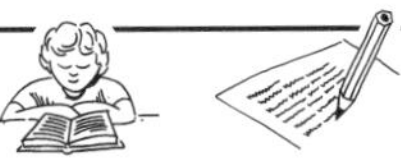

Wer gehört zu mir?

 Welche Menschen sind wichtig für Evi? Ergänze ihr Netzwerk.

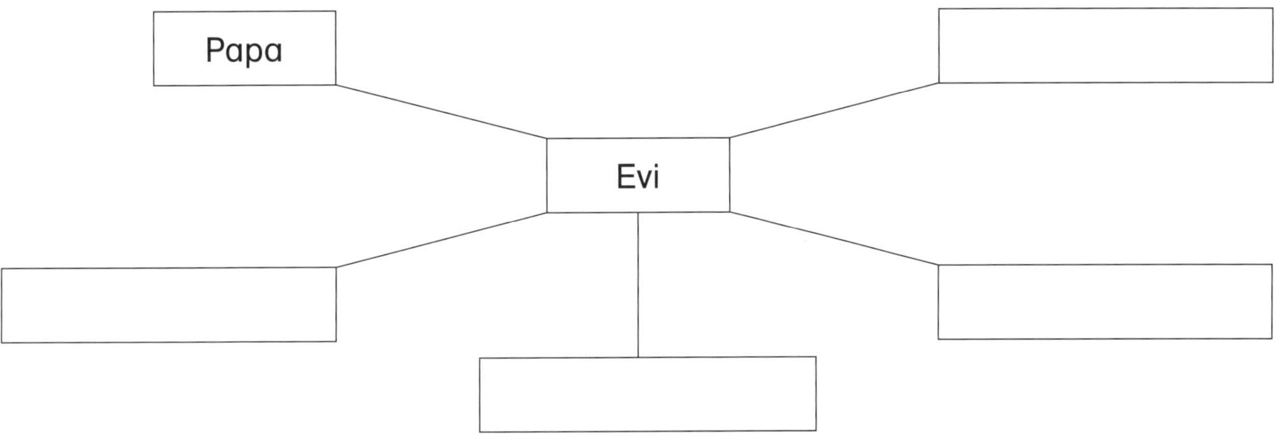

 Wer gehört zu Frau Sobanskys Netzwerk? Zeichne es auf ein Blatt Papier.

 Was hat noch Einfluss auf Evis und Frau Sobanskys Zugehörigkeitsgefühl? Wie ist es bei dir? Notiere Stichpunkte zu den Fragen in deinem Heft. Tauscht euch dann darüber aus.

Welche Rolle spielt Sprache in Evis Leben? Welche Rolle spielt Sprache in Frau Sobanskys Leben?

Evi und Frau Sobansky haben bestimmte Lieblingsgerichte. Welche sind das und warum?

Wer gehört zu deinem Netzwerk? Was ist noch wichtig für dich (Sprache, Essen, Religion, Hobbys, Natur …)?

Name:

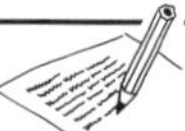

lesen **schreiben** Spracharbeit **rätseln** malen forschen

Das schmeckt nach daheim!

Bringe das Rezept für Brezen in die richtige Reihenfolge, indem du die Kästchen nummerierst.

[ ] Gleich darauf legst du die Brezen auf ein Backblech. Bestreue sie mit etwas grobem Salz.

[ ] Dann nimmst du den Teig aus dem Kühlschrank, rollst ihn zu einem Strang und schneidest gleich große Stücke davon ab.

[1] Du benötigst 250 g Mehl, 120 g kalte Butter, sechs Esslöffel Milch, drei Esslöffel Natron, einen Liter Wasser, einen Teelöffel Salz und etwas grobes Salz zum Bestreuen.

[ ] Backe die Brezen bei 200 Grad zwanzig bis dreißig Minuten im Ofen.

[ ] Rolle die Teigstücke zu langen dünnen Stangen und forme daraus die Brezen.

[ ] Gib nun das Natron ins Wasser, vermische es und koche es auf. Tauche die Brezen in einem Sieb etwa dreißig Sekunden lang in die Lauge.

[ ] Lasse die Brezen etwas abkühlen, bevor du sie probierst. Guten Appetit!

[ ] Anschließend lässt du den Teig dreißig Minuten im Kühlschrank ruhen.

[ ] Zuerst gibst du das Mehl, die Butter, die Milch und das Salz in eine große Schüssel und vermischst die Zutaten mit einem Knethaken.

Was schmeckt für dich nach zu Hause? Schreibe ein Familienrezept auf ein Blatt. Nenne den Namen des Gerichts sowie die Zutaten und beschreibe die Zubereitung.

Name:

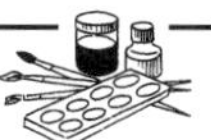

lesen **schreiben** Spracharbeit **rätseln** malen forschen

Geschenke für alle

Lies die Fragen. Kreise die gesuchten Wörter im Buchstabengitter ein. Schreibe die Antworten auf.

1. Was ist im Alter ein Geschenk? Die ________________.
2. Wo sammeln Evi und Lina Muscheln? Am ________________.
3. Was entdeckt Lina? Eine ____________________.
4. Wen finden die Kinder endlich? ________________.
5. Wen umarmt Evi? ____________________.
6. Warum weint Frau Sobansky? Vor ________________.
7. Was geben die Kinder Frau Sobansky? Ellis ________________________.
8. Was schenkt Frau Sobansky den Kindern? Einen ________________.
9. Was trägt Evi am Handgelenk? Ein Freundschafts________________.
10. Was schenkt Lina Evi? Eine ________________ mit einer Herzmuschel.
11. Für wen suchen sie noch nach einer Herzmuschel? Für ________________.
12. Was mag Evi schon jetzt? Das ________________.

H	O	F	F	N	U	N	G	A	S	E	D	F
A	S	C	V	G	H	O	J	Ö	M	L	E	S
S	V	E	A	-	M	A	L	I	N	D	A	S
A	R	M	B	A	N	D	I	R	M	I	T	S
S	Y	X	C	V	B	N	M	K	J	H	E	E
T	E	L	E	F	O	N	N	U	M	M	E	R
R	D	F	G	H	T	J	K	L	E	L	Ö	Ä
A	A	G	K	K	E	T	T	E	E	T	I	P
N	E	F	O	F	D	E	I	C	R	T	R	O
D	G	Z	L	G	D	D	O	V	D	T	E	I
A	F	H	H	H	Y	I	L	H	D	R	R	U
S	R	J	O	N	A	T	H	A	N	Q	T	Z
D	E	R	Z	J	T	H	P	C	W	M	H	T
R	U	I	T	I	Z	R	W	E	L	L	I	R
E	D	J	E	M	R	Z	K	H	D	E	N	E
H	E	R	Z	M	U	S	C	H	E	L	G	W

Angekommen

Am Ende des Romans hat sich Evis Ansicht über Norddeutschland geändert.

Was denkt Evi nun über das Leben an der Ostsee? Lies im letzten Kapitel nach und notiere Aussagen zu den folgenden Wörtern.

die Luft ______________________________

die Muscheln ______________________________

der Himmel ______________________________

das Meer ______________________________

Evi schickt Franzi im letzten Kapitel einen Freundinnenbrief. Was steht darin? Schreibe auf.

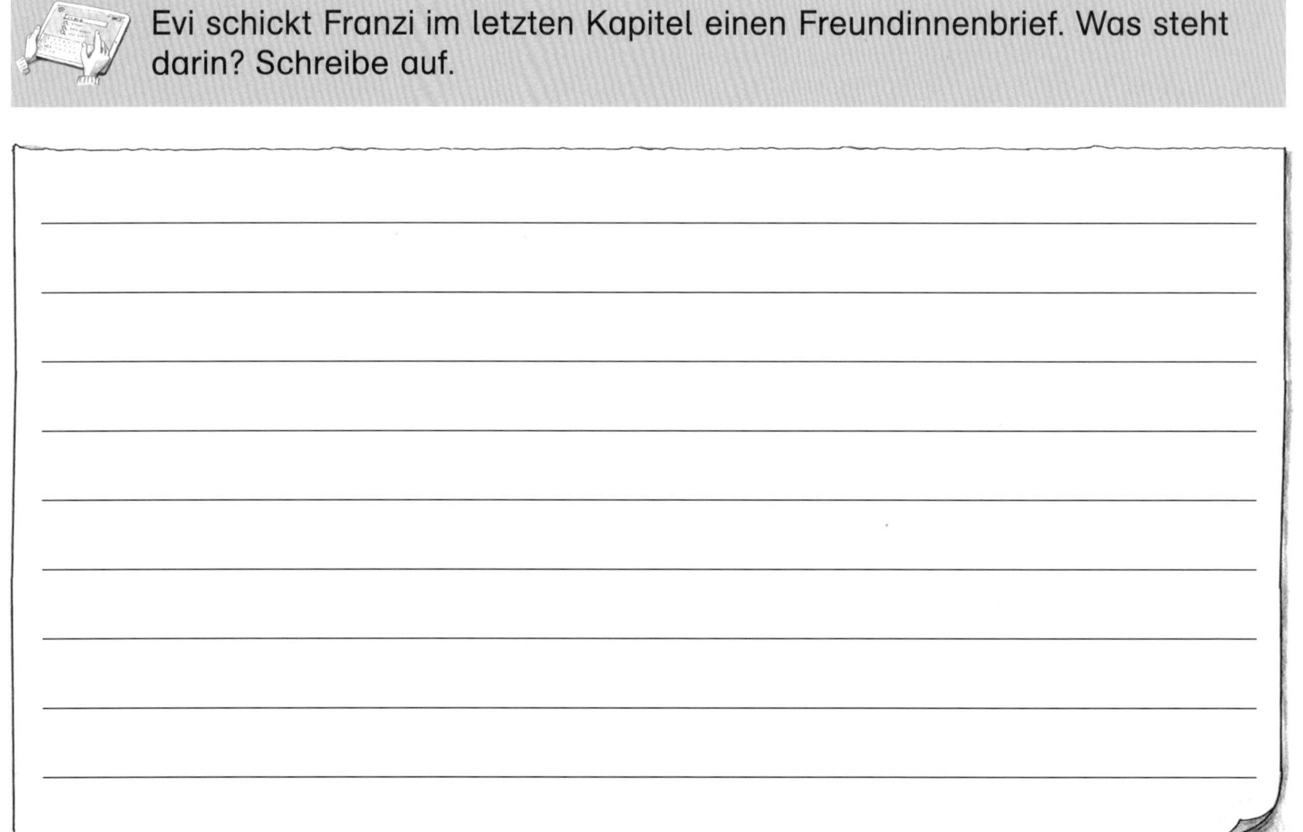

Weg durch Deutschland (Spielplan)

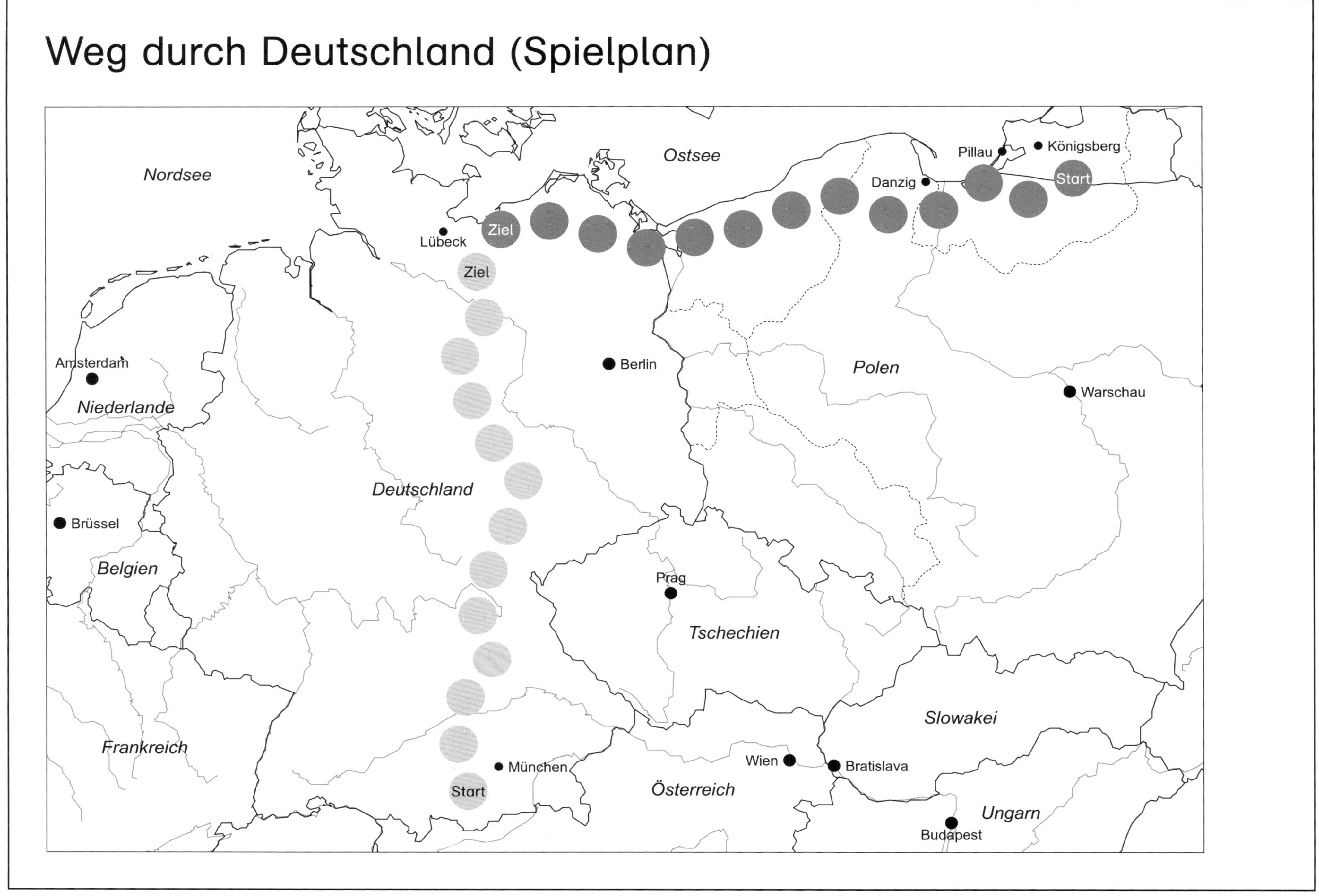

Weg durch Deutschland (Spielanleitung)

Ein Spiel für 2 Gruppen (2–6 Spieler)

1. Gruppe: Evis Weg (helle Kreise): von Bayern an die Ostsee

2. Gruppe: Frau Sobanskys Weg (dunkle Kreise): von Königsberg nach Lübeck

Spielvorbereitung:

Ihr braucht:

- 2 Spielfiguren in verschiedenen Farben
- einen Farbwürfel (Rot, Blau, Gelb, Grün, Weiß, Lila)
- den Spielplan
- die Spielkarten

Vor dem ersten Spiel:

- Ergänzt die Spielkarten.
- Schneidet die Karten aus.
- Malt auf die weiße Kartenrückseite einen farbigen Punkt (entsprechend der Farbe, die vorne auf der Karte steht).

Spielregeln:

Legt die Karten nach Farben sortiert mit dem farbigen Punkt nach oben auf Stapel neben das Spielfeld.

Stellt eure Spielfigur auf euer Startfeld.

Einigt euch, wer anfängt.

Würfelt mit dem Farbwürfel.

Führt die entsprechende Aktion aus.

Wenn ihr die Frage richtig beantwortet habt, dürft ihr ein Feld vorziehen und die andere Gruppe ist dran.

Wenn ihr die Frage nicht richtig beantworten könnt, müsst ihr stehen bleiben und die andere Gruppe ist an der Reihe.

Gewonnen hat, wer als Erster das Ziel erreicht.

Weg durch Deutschland (Spielkarten)

✂

Rot: Nenne ein Transportmittel, das auf deinem Weg verwendet wird.	Rot: Nenne drei Dinge, die deine Figur auf ihrem Weg bei sich hat.
Rot: Was erlebt deine Figur auf ihrem Weg? Berichte.	Rot: Wie fühlt sich deine Figur auf ihrem Weg? Erzähle.
Rot: Welche Hindernisse gibt es auf deinem Weg? Nenne ein Beispiel.	Blau: An welchen Stellen des Romans kommt das Symbol „Gummistiefel" vor? Nenne zwei Beispiele. Wofür steht es? Erkläre.
Blau: An welchen Stellen des Romans kommt das Symbol ____________ vor? Wofür steht es? Erkläre.	Gelb: In welchem Kapitel/Abschnitt ______________________________ ______________________________?
Grün: Du darfst/Du musst: ______________________________ ______________________________.	Weiß: Was bedeutet das Wort ______________________________? Erkläre mit eigenen Worten.
Lila: In Kapitel ☐ steht dieses Wort: ______________________________. Stelle es pantomimisch dar.	Farbe: ______________ ______________________________ ______________________________ ______________________________

Name:

lesen **schreiben** Spracharbeit rätseln malen forschen

Ein Brief von der Autorin

Lies den Brief von Andrea Behnke. Schreibt der Autorin eine Antwort.

Liebe Schülerinnen und Schüler,

im Jahr 2015 kamen viele Geflüchtete nach Deutschland, vor allem wegen des Kriegs in Syrien. Sie suchten Schutz und vielleicht auch eine neue Heimat.
Da habe ich an meine Oma gedacht, die schon vor einer Weile gestorben ist. Sie musste auch fliehen, im Zweiten Weltkrieg. Meine Oma wurde in Schlesien geboren. Das ist heute Polen. Weil sie dort nicht bleiben konnte, floh sie mit ihrer Familie nach Westdeutschland.
Anders als Erwin, der Freund des Uropas im Buch, hat meine Oma nie etwas erzählt von der Flucht. Sie schien eine Kammer in ihrem Herzen zu haben, in der die Erlebnisse fest verschlossen waren. Diese Kammer wollte sie nicht mehr öffnen. So hat sie ihre Erfahrungen mit ins Grab genommen.

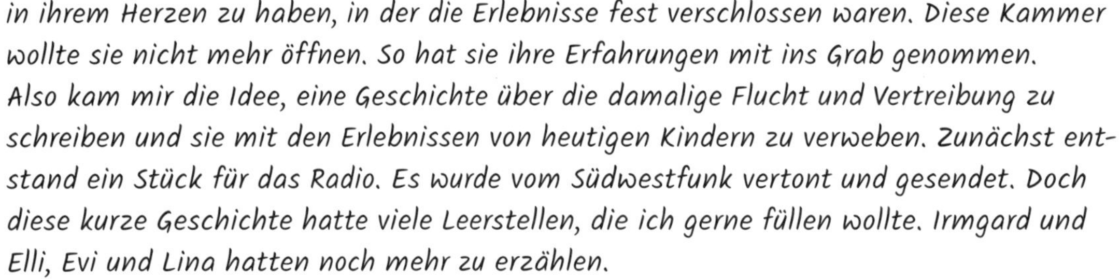

Also kam mir die Idee, eine Geschichte über die damalige Flucht und Vertreibung zu schreiben und sie mit den Erlebnissen von heutigen Kindern zu verweben. Zunächst entstand ein Stück für das Radio. Es wurde vom Südwestfunk vertont und gesendet. Doch diese kurze Geschichte hatte viele Leerstellen, die ich gerne füllen wollte. Irmgard und Elli, Evi und Lina hatten noch mehr zu erzählen.
Daher setzte ich mich erneut hin und wühlte mich durch Interviews und Berichte von Menschen, die aus dem Osten geflohen waren. Ich erfand weitere Figuren für das Buch: Jonathan und seinen Uropa, Svea-Malinda und Erwin.
Ein bisschen war es so, als ob ich auf den Spuren meiner Oma wandelte und mich auf die Suche nach meinen eigenen Wurzeln begab. Meiner Oma könnte es ähnlich wie Irmgard ergangen sein. Rund vierzehn Millionen Deutsche, vor allem aus Ostpreußen, Schlesien und Pommern, verließen Ende 1944 ihre Heimat. Eine unfassbare Zahl.
Während ich an dem Buch arbeitete, packte mich mehr als einmal die Wut: Ich kann es nicht glauben, dass Menschen in Deutschland die Geschichte des eigenen Landes vergessen haben und Geflüchteten feindselig begegnen.
Das Thema „Heimat“ spielt eine große Rolle in dem Buch. Heimat als Ort, an dem ich mich geschützt fühle, an dem ich Freunde und Familie habe, an dem ich sicher bin. Nicht als Ort, der ausgrenzt, der unterteilt zwischen Einheimischen und Fremden.
Ich bin gespannt, wie ihr die Suche nach Elli erlebt habt. Welche Gedanken euch beim Lesen des Buchs gekommen sind. Wenn ihr Lust habt: Schreibt mir!

Eure Andrea Behnke